高职教育教学策略与管理研究

王丽丽　著

吉林文史出版社
JILIN WENSHI CHUBANSHE

图书在版编目（CIP）数据

高职教育教学策略与管理研究／王丽丽著. -- 长春：
吉林文史出版社,2022.6

ISBN 978-7-5472-9515-1

Ⅰ.①高… Ⅱ.①王… Ⅲ.①高等职业教育－教学管
理-研究 Ⅳ.①G718.5

中国国家版本馆 CIP 数据核字（2023）第 129594 号

高职教育教学策略与管理研究

GAOZHI JIAOYU JIAOXUE CELÜE YU GUANLI YANJIU

出 版 人　张　强
作　　者　王丽丽
责任编辑　柳永哲
装帧设计　钟晓图
印　　刷　三河市嵩川印刷有限公司
开　　本　710 mm×1000 mm　1/16
印　　张　12.5
字　　数　200 千字
版　　次　2022 年 6 月第 1 版
印　　次　2024 年 1 月第 1 次印刷

出版发行　吉林文史出版社
地　　址　长春市净月开发区福祉大路 5788 号
网　　址　www. jlws. com. cn
书　　号　ISBN 978-7-5472-9515-1
定　　价　58.00 元

目　录

第一章　高职教学策略概述

第一节　高职教学策略的概述

一、教学策略的概念

(一) 策略

按照《现代汉语词典》的阐释，策者乃古代赶马用的棍子，据说一端有尖刺，能刺马向前跑，用策赶马谓之鞭策；而略，则是计谋、计划。合在一起，即策略，有两层意思，一是"根据形势发展而制定的行动方针和斗争方式"，二是"讲究斗争艺术，注意方式方法"。

(二) 教学策略

在教育教学领域里，"策略"主要指教育教学活动的程序安排和师生之间连续地、和谐地、高效地有实在内容地互动交流。在广义上，教学策略是在教学目标确定之后，依据学生的学习规律和特定的教学情境、条件，有针对性地选择和组合相关的教学内容、教学模式、教学方法、教学手段（媒体）、教学过程和组织形式、教学表达艺术以及学业评价技术和方法等，以形成具有效率意义的特定方案的原理、原则、模式、方式方法的总和。

教学策略有广义和狭义之分。广义的教学策略包括教师的教授策略、学生的学习策略和师生互动式教学策略。狭义的教学策略，主要指教师教的策略。高职教学策略应采用广义教学策略，并突出地强调师生互动式教学策略。

教学策略的概念，突出地强调教学组织实施的计划性、谋略性、互动性和学习理论基础。一方面，策略具有很强的计划性，谋略性，是组织、计划和实施的技艺技巧。另一方面，策略又在于调动学生的主体性，强调教与学的有机统一、协调。换言之，教学策略必须是事先经过周密策划和详细安排的，以优化组合各个教学结构要素，使教学达到预期效果；同时，教学策略又能以师生共同参与为始点，充分调动师生之间和生生之间的生机勃勃地互动、交流和信息传递。随着现代对学生的主体性的认同和重视，教学策略的谋划、选择、制定和运用，就越来越重视学习理论的指导，尊重学生的学习规律，特别强调和突出学生的学习策略。

高职教育是独具特色的高等教育，其教学策略，应根据高职教学目标、高职生的学情和学习规律来谋划、制定和实施。

教学策略有广泛的内涵和外延，主要包含教学模式、教学内容的选择、教学方法、教学技术手段（媒体、设施等）和教学组织形式等的优选优组优用。比如，教学策略与教学方法，既有密切联系，又有一定的区别。教学策略包含对教学方法的优选优组优用。教学方法操作性强，属于教学运行的"战术"范畴，而教学策略谋划性强，属于教学的"战略"范畴。所以教学方法的选择和使用，只是教学策略的一部分。教学策略还包含对教学过程中其他相关资源的合理组织、调控和管理。

二、对于教学策略概念的理解

目前，"教学策略"一词已经频繁出现在很多教育研究文献之中，但是从使用情况来看，对于该词的理解可以说是多种多样，比较有代表性的，列举几种如下：

第一，认为教学策略是指对教学内容的顺序排列和师生之间的适时的、具有实在内容的交流。

第二，认为教学策略是用来表示为达到某种可预测的教学效果所采取的教学行动。

第三，认为教学策略是为了实现教学目标、完成教学任务而采取的教学模式、方式方法、程序步骤、教学媒体和表达艺术等各种教学措施的综合方案。

第四，认为教学策略是指以一定的教育思想为指导，在特定的教学情境中，为实现教学目标而制定的，并在实施过程中不断调适、优化，以使教学效果趋于最佳的系统决策、设计和灵活的实施。

第五，认为教学策略是在教学目标确定之后，依据学生的学习规律和特定的教学情境、条件，有针对性地选择和组合相关的教学内容、教学模式、教学方法、教学手段（媒体）、教学过程和组织形式、教学表达艺术，以及学业评价技术和方法等，以形成有效的系统决策的总和。

从这些代表性的定义中可以看出，人们对于"教学策略"的理解有着两种基本倾向，一种倾向于将教学策略看作是教学方法、教学技术的总和。毋庸置疑，教学策略与教学方法、教学技术之间有着十分密切的关系，而且教学方法、教学技术是教学策略的重要组成要素，但是教学策略不能等同于教学方法、教学技术，因为掌握了大量的教学方法、教学技术，并不一定就能具备、并灵活地运用教学策略；另一种倾向，是将教学策略理解为教学实施的总体方案或对于教学过程和活动的系统决策。这种观点充分肯定了教学策略的综合性、整体性，强调了教学策略是对于教学过程和教学结构要素的整体把握，因而具有一定的合理性。但是用方案来表述，容易被人误解成是静态的，忽视教学策略的灵活性、可变动性。而用"系统决策"来表达，可以比较充分地表达教学策略的动态性和构建的动态过程。

从实际使用教学策略的情况来看，教学策略常常是与教学模式、教学方法、教学过程和活动、教学手段（技术、媒体）、教学表达艺术等相联系的。

三、教学策略和教学模式、教学方法、教学技术的关系

教学模式是一种简化的、理论化的教学范式。具体的教学模式一般包括教学活动和过程的理论依据、教学目标、操作程序、操作策略四个主要部分。也就是说，教学模式是一种比较定型的范式，一经确定或选择，就会相对稳定；而教学策略对教学活动和过程的功能和反应主要是调控，比起教学模式的反应更具体、更详细、更丰富、更灵活、更快捷。一般来说，教学模式影响着教学策略的谋划、建构或选择，而教学策略的谋划、建构或选择，乃至使用，会有助于教学模式的形成或变换。两者密切相关，你中有我，我中有你，不是上、下位的关系。在某些情况下，教学策略的谋划也包括对教学模式的选择；而在另外一些情况下，有效的教学策略又需要打破教学模式的束缚，根据教学活动的具体情况不断补充、调整、改变。因此，教学模式强调的是教学过程的范式和相对稳定，而教学策略更强调变通性、应变性和灵活性。

教学方法、教学技术（包括教学媒体、教学设备、教学手段等）都是教学策略的主要组成要素，是要素和整体的关系。教学策略的范畴比教学方法更宽广，层次更高，教学策略不仅包括对教学方法的选择和灵活运用，还包括对教学媒体、教学形式的选择和组合运用等。在教学活动中，教学方法、教学技术等都为教学策略服务，并体现着教学策略的意图。教学策略的意图要通过教学方法、

教学技术等的综合而巧妙运用来实现。因此，教学策略和教学方法、教学技术等的关系是一种上、下位的关系，教学策略比教学方法、教学技术等更高级、更一般，并对教学方法、教学技术等具有统摄、控制和调节作用。简而言之，教学策略是对教学活动的结构要素和过程要素的一种系统决策活动。

四、教学策略与教学设计的关系

自从现代教学设计产生和实施以来，教育界就把教学策略看作是教学设计的一部分，两者是部分和整体的关系。如教学设计可分为教学分析（教学内容分析、学习者分析），制定教学目标，选择、整合和构建教学材料，设计和实施教学策略，设计和实施学业评价方案等四个组成部分和步骤。教学策略有着丰富的层面，在可操作性的层面上，教学策略属于教学设计的有机组成要素；但在意识的层面（教学监控策略）上，教学意识的参与则含有选择的意味，亦即教学策略其实是对于达到教学目标的各种途径和程序的明智的选择和调控。

五、教学策略与教学观念的关系

教学策略属于一种教学观念，介于教学原则与教学方法、技术之间。显然，教学策略与教学观念之间有着密切而广泛的、千丝万缕的联系，教学观念和教学策略都支配着教师的教法和学生的学法，对教师的教学行为和学生的学习行为都起着指导作用，这是两者的共同点；但是不能因此将两者等同起来，教学观念是一个非常宽泛的、心理的概念，内涵极其广泛，如教学中的学生观、教师观、过程观、评价观等，都属于教学观念的范畴。而教学策略的内涵和外延却没有那么宽泛。

六、对"教学策略"的深化理解

教学策略是教师为了实现某种目标，根据教学形势发展和活动环境的分析，所进行的概括性思考和对行动方针、过程、方式方法、手段等的系统决策（计划、谋略等），是一种心理建构活动；策略的建构是一个动态的、发展的过程，强调随形势、环境、情境变化而变化，随形势、环境、情境发展而发展。从认知观点来看，策略的建构是建立在元认知（对认知对象的认知）基础上的。元认知通常被理解为任何以认知过程与结果为对象的认知活动，或任何调节认知过程的认知活动。元认知是认知主体对其心理状态、智能、任务、目标、认知策略等方面的信息的认知；同时，又是认知主体对自身各种认知活动的种种计划、谋略、监控和调节。显然，策略的制定离不开元认知活动，策略强调的是在元认知的基础上，为实现特定目标而运用的活动计划、谋略、方式方法、技术技巧和艺术，也就是对建构策略的这些要素的系统思考和决策（选择、综合、调控）。

教学策略是教师为了实现教学目标、根据教学情境和学习者学情的分析，对教学实施过程进行的系统决策活动和成果。对于这个概念，可以从以下几个方面加深理解：

第一，教学策略是一个总体性的综合性的概念。主要的构成要素包括教学活动的计划、谋略、方式方法、技术技巧和表达艺术。但又不是这些要素的简单的堆积或无序的混合，而是这些要素的有机综合或整合。策略含有某些意识参与，是达到教学目标的各种途径的明智（最佳）的选择。

第二，教学策略的谋划，应当建立在对教学情境和学习者学情的客观、科学的分析基础上，要讲究实事求是，不可以主观臆断。

第三，教学策略的各个构成要素（活动计划、谋略、方式方法、技术技巧和艺术等）的选择和组合，应当置于更广阔、更现实的教学情境和背景中，并提高到策略性的高度或水平上。

第四，教学策略的谋划和运用是一个动态过程。其建构和使用，往往要经历两个过程，一是选择各个构成要素（活动计划、谋略、方式方法、技术技巧和艺术等）的过程和使用过程；二是对教学活动及各个要素的调控过程。这两个过程又常常随着学情和教学情境的变化、发展而变化、发展，处在不断地变化、发展中。因此，教学策略要与时随机而变。

第五，教学策略要以学习策略为基础。教是为学而服务的。教学过程中的"以人为本"，就是"以学生学习为本"。只有把握了学习班的整体学情、学习风格和学习策略，以及个体差异，才能制定和实施适用的教学策略。

第六，教学策略是内心活动和外部活动的统一。对于教学策略的谋划和建构来说，元认知意识和对教学活动的调控是在头脑中借助内心语言进行的一种意向活动，进而调节和支配教学活动的外部操作。内心活动具有内蕴性，外部操作具有外显性。在制定和运用教学策略的过程中，外部操作是在内心活动的支配和调节下进行的。两者是辩证统一的。

七、影响和制约教学策略的主要因素

课程教学是一个系统工程，教学系统由教学主体（学生）、主导（教师）、对象（目标、内容、知识、技能、情感、价值观等）、策略和情境（教学场）组成。显然，教学系统中教学策略必然受到其他各个要素的制约。其中，最关键的是教学目标、学生和教师。

（一）教学目标

教学目标是影响和制约教学策略的关键性要素。教学目标不同，所采取的教学策略也必然不同，即使同一门课程的教学也是如此。例如，一门课程教学之初（绪言或绪论课）的起始教学目标，是引导学生了解和理解学习该课程的价值，激发学生学习的需要、兴趣和热情；然后才是促进学生掌握具体的知识、技能，发展智能，提高素质的目标。针对不同的教学目标，就要采用不同的教学策略。对于起始目标，可以选择本课程与现实社会生活、未来职业、后续课程学习、课程发展动态与前景的内容信息，用最生动的形式呈现出来的教学策略。进入课程主体内容教学，就要根据知识、技能内在的逻辑联系，以及对学生认知结构的建构、知识、技能迁移的规律、学生的学习状态等综合考虑，选择、制定和实施有效教学策略，并不失时机地进行调控。因此，正确分析和确定教学目标，是选择、制定、实施有效教学策略的关键和前提。

（二）学生的学习状态

学生的学习状态和学习风格是影响和制约教学策略的非常重要的要素。现代教学主体观认为，学生，只有学生才是教学的主体。任何教学如果没有学生的积极参与，没有发挥学生的主体作用，是不可能取得成功的。学生的初始状态非常重要，决定着整个教学的起始点。这个初始状态是指学生现有的知识技能水平、学习风格、学习情感态度价值观、心理发展水平等。教学策略的选择和制定必须从学情分析入手。

（三）教师的自身特征

教师的自身特征是制约有效教学策略制定和实施的重要条件。如果说教学目标、学习主体是影响和制约有效教学策略制定和实施的客观条件，那么影响和制约有效教学策略制定和实施的主观要素，便是教师的自身特征，包括教师的教学观、专业和教学的知智能、教学风格和艺术、从教的心理素质等。在教学过程

中，教师是制定、实施和调控教学策略的主导，他们常常倾向于选用与其教学观、专业和教学风格及艺术、从教心理素质相符合的教学策略。例如，现在高职示范校建设，使很多职业课程的高职教师逐渐熟悉并掌握了"理论实践一体化"的教学模式，从而积极运用启发式、互动式教学策略。改变了应用传统的、单向的传输策略的习惯。由此可见，教师的自身特征也是可以改变的。因此，教师要努力发挥自己的主观能动性，充分发挥其自身特征中的积极因素，并有意识地克服消极因素，在教学中制定、实施和调控好有效教学策略，以取得最佳的教学效果。

八、教学策略的基本特征

（一）综合性

是指选择或制定教学策略，必须综合考虑教学内容、教学模式、教学方法、教学技术、教学艺术、教学过程、教学组织和教学评价等要素，将这些要素的结构和功能进行有机地整合，获得最佳的整体功能。

（二）可操作性

是指教学策略可作为师生在教学中参照执行或操作的教学方案，有明确具体的内容和应用的步骤。

（三）灵活性

是指教师在实施教学的过程中，可以根据具体的教学情境和学情变化，对教学策略的有关要素进行变通和新的整合，也就是对具体的教学问题做出具体分析、具体解决。

（四）层次性

是指教学策略也是分层次的，从教学实践来看，应包括初始教学策略和监控教学策略。前者是指针对具体教学目标制定的教学策略，具有执行性；后者则带有反思性，将对教学各方面因素的考察提升到一般策略性认识的水平，并体现在教学进程的各个方面。

第二节　高职教学策略的分类

一、按教学要素的分类

教学策略常以构成教学活动的主要要素为中心，形成其策略框架，并对其他相关因素进行整合，得到以下四类教学策略：

（一）方法型策略

由于教学方法在呈现学习信息和引导学生学习活动上的差异，方法型教学策略又分为讲授性策略（直接向学生系统地传授知识、技术）和发现性策略（使学生自己发现问题，并通过解决问题掌握知识、技术）两类。

（二）内容性策略

侧重于教学内容的特征和需要。知识的获得可区分主要强调知识结构和问题解决两类。前者称为认知结构策略，即主张抓住主要知识，构建简明而有机的知识体系；后者则称为问题解决策略，不仅能培养学生发现、解决问题的能力，而且有着创新的意义。

（三）方式型策略

它是以教学组织形式为中心建构策略框架的，可区分为教师中心策略和学生中心策略。前者指教学内容、时空和情境都是高职和教师决定的，并在教学活动中起主导作用；后者则是为适应学生个体学习方式的需要，高职和教师提供相应的教学资源，并帮助和引导学生学习。对于当今的高职教育教学是一种最理想的教学方略。

（三）任务型策略

它是从教学任务或学习类型为中心，在分析任务、创设学习情境和条件的基础上，建构教学策略框架。它主要有练习性或实训性策略、问题定向性策略和综合能力获得策略。它可以紧紧地围绕教学任务，既能反映教学目标，有很强的针对性，又规定了针对不同学习目标要采取的教学措施，创设相应的教学情境和条件，有较强的实用性和可操作性。任务型教学策略特别适合于高职项目类课程的教学，也适合于经过整合的公共课程的教学。

二、按照教师行为的分类

根据教师在教学情境中的行为方式及其所发挥的功能，可区分为主要、辅助和管理三类。由此可区分为以下三种教学策略：

（一）主导教学行为策略

主导教学行为可分为呈示、对话和指导三类，与之相应的教学策略即呈示策略、对话策略和引导策略。呈示策略因采用教学手段而异，主要有讲述、板书、动作、声像和多媒体呈示五种；对话策略，主要包括问答和讨论；常用的引导策略主要有课内外练习指导、阅读指导、活动指导、实训实习指导，等等。

（二）辅助教学行为策略

辅助教学行为，主要是激发学生学习动机（需要、兴趣等）、学习情感、学习意向或创建学习情境，观察学情变化等行为。这些行为是为主导教学行为服务的。其主要作用是调动学生学习的主体性、积极性和创造性。这一策略对高职教学活动是很重要的。

（三）教学场管理行为策略

这是为了保证正常教学的秩序和效益，教师对在场的人与事、时间与空间等各种因素及其关系做好协调的过程，主要包括对课内问题行为和时间两方面的有效管理。

三、按照教学过程构成要素的分类

可分为组织策略、教学形式策略和管理策略。组织策略主要包括导入、主体、结论和评价四个组成部分。教学形式策略，如导师制、个别化教学、分组教学、班级教学等。管理策略是对组织策略和形式策略的决策，追求最完美地使用教学资源。

四、按照学习结果性质的分类

可分为"事实、规则与动作程序"和"概念、模式与抽象理论"两类。据此，教学策略可分为以下三类：

第一，直接教学策略，是以教师为中心的，以传授事实、规则和动作程序为目标的教学策略。主要强调知识的获得。教师通过传递信息、技能训练等进行教学。

第二，间接教学策略，是以传授概念、模式和抽象理论为目标的教学策略。但是，主要靠探究发现和解决问题，激励形成概念，建构模式，从而认知抽象理念。学生可以获得较大的活动空间。其功能有：内容组织、概念形成活动、使用正例和反例、利用问题指导尝试、探索和发现、利用学生观点、小组讨论等，推动教学有效进展。

第三，提问质疑释疑策略。"问题"可在"教"与"学"之间架设桥梁。根据答案个数不同，可把问题区分为发散性（开放性）问题和收敛性（封闭性）问题。前者对于掌握概念、模式和理论最为有效；后者对掌握事实、规则和动作程序最有效。

五、按照教学主体的分类

按教学主体可把教学分为学习策略、教授策略和互动教学策略。

从认识论的角度看，当学生在学习过程中面对并作用于教学资源时，他就成为学习的主体，并运用学习策略；当教师在教学过程中面对并作用于教学对象和教学资源时，他就成为教学活动的主导，并运用教授策略，引导学生进行学习；当师生在教学过程共同面对并作用于教学资源时，就通过互动，共同优选互动教学策略，使教学活动更加有效。

从价值论角度看，教学价值是以满足学生学习、教师育人和师生教学的共同需要而体现出来的。因此，在广义的教学策略体系中，必须有学习策略来满足学生高效学习的需要；也必须有教授策略来满足教师顺利完成预定的教学目标的需要；还必须有互动式教学策略来满足师生在教学活动中双向交流、互动以及共同发展（"教学相长"）的需要。

从学习策略、教授策略与互动式教学策略之间的关系来看，学习策略是教授策略与互动式教学策略的基础。这是因为从教学过程的整体而论，学生才是最基本的主体，若没有学生的存在和参与，真正意义上的教学根本不会发生，也就谈不上存在。因此学习策略才是广义教学策略的基础。

随着现代教学观的转变，教学策略也处于转型之中，教学策略将从强调教授策略向强调学习策略、师生互动式教学策略方向转变。

第三节　高职教法与学法策略分析

一、教授教法策略

(一) 呈现技巧策略

教学过程涉及向学生传授新的事实、技术、概念、原理、规则等，并解释有难度的过程和程序，以及澄清相矛盾的观点和探究错综复杂的关系。这些都需要教师运用教学策略将教学内容通过巧妙的"呈现"使学生乐于接受，并内化为自己的经验，促进学生的发展。常用的呈现技巧有设置导入、解释行为、结尾和讲座等。

第一，"设置导入"，是指将一节课的目标和学生已有的经验联系起来，由教师陈述或演示。

第二，"解释行为"是教师有计划地讲解，以澄清学生难以理解的概念、原理、程序或过程，使学生了解问题的关键和前因后果。

第三，"结尾"，是对一节课呈现的活动做出总结，引向恰如其分的结论，帮助学生形成完整的认知结构或技能结构，指引学生更深化地学习。

第四，"讲座"，则是为了引导和满足学生对新知识和新技术的需要，向学生呈现新鲜信息，扩大视野，激发兴趣，并帮助学生理解和回顾重要的事实和观念，向学习的深度和广度求索。

(二) "内容转化" 策略

这是指教师为学生或帮助学生创设一定的学习情境，把学生导入一定的问题情境中，使学生产生学习兴趣和内驱力。内容转化策略的主要特征是创设人化情境和物化情境。

人化情境致力于促进师生互动、生生互动和学生动脑、动手的教学情境；物化情境是通过一定的教学资源的呈现，激发学生的学习兴趣、诱发思维活动和操作运动，使教学活动达到最佳状态，努力解决学习和实训的问题。物化情境包括实物或技术演示情境、职业生活或社会生活展现情境和音乐渲染情境等。

(三) "指导" 策略

随着高职生年级年龄的提高和学习能力的提高，学习主体性的增强，自主性学习逐步走向主导地位。高职教师应逐渐由直接呈现的层次转向指导层次。

指导策略有练习指导、阅读指导、操作指导、实验实训指导、设计指导、研究指导等。

（四）教学强化策略

教师采用的呈现策略、内容转化策略、指导策略等是否有成效，取决于学生反应的正误和程度。教师当然希望正确反应次数多，不正确反应次数少，课堂强化技术与策略，源于操作性条件反射理论，是通过一定的重复行为和方法，帮助学生对知识、技术的理解，以及熟练地掌握和应用。强化可分为积极强化和消极强化。两种强化都可以达到增加正确反应的效果。

按照强化物或手段的不同，可以把强化技术区分为：言语强化、非言语化强化（如面部表情、姿态等）和替代性强化（如鼓励、欣赏、赞同和表扬某种行为或学习态度、学习成果等）。

（五）管理策略

管理策略，主要是教学场管理策略。可分为预防性管理策略和课程教学管理策略。

1. 预防性管理策略

教学场秩序是教学顺利进行的基础，是有效教学的条件。建立教学场规则是预防性管理策略的最基本的技术，规则要简明扼要、条理清晰、少而精，并对学生明示，严格执行。没有规矩不成方圆，有了规矩不严格执行也不会成就方圆。

2. 课程教学管理策略

为了保证教学和效益，教师必须协调好师生、生生、教学内容和教学情境等各方面的关系，这种协调组织的活动就是课程教学管理。

首先，教师要身先示范，热爱教育教学，让学生爱学所教课程，自己首先表现出对课程的赤诚的爱，并不断提高教学技艺；同时又模范遵守课堂规则，以个人魅力征服学生。

其次，就要善于尊重和诱导学生，把学生精力用在学习上，采用恰当的、积极的管理策略和技巧，做好教学场教学管理。

那些教学场教学管理失败或无奈的教师，往往是缺乏教育魅力、管理生硬或者缺乏管理策略和艺术。

二、学习策略

学习策略是直接影响学生的学习效率的重要机制。学习得策，方能事半功倍。在当今学习化社会中，使学生了解、掌握和运用高效学习策略特别重要。从目前高职生的令人担忧的学情来看，研究和运用适合高职生的学习策略非常迫切。

（一）学习策略的概念

学习策略是指学习者在学习活动中有效学习的策略，包括学习的规划、模式、程序、规则、方法、技艺技巧及调控方式等。它既含内隐的规则系统，也有外显的操作程序与有效学习的方法、技艺和技巧。

认知心理学认为，学习策略是学习者为了完成学习任务而进行的认知操作，是学习者主动地进行信息加工的过程，学习成果的优劣最终取决于学习者对知识的加工过程，亦即学习者主动地运用学习策略的过程。

学习策略是学习者制定的综合性学习规划以及完成计划的一系列学习模式、学习方法、可灵活运用的学习技艺、程序、技巧。每个学习者都应该根据学习任务、学习情境及其学习风格设计自己切实可用的学习策略。

学习策略是衡量学习者会不会学习的重要标志。学习策略是涉及一系列具体的学习模式、学习方法、学习技能技巧，以及科学用脑、用时等能力。它是衡量个体学习能力水平的重要尺度，是制约学习效果的重要因素之一。策略是才能的一半，无论是掌握知识、技术，还是运用知识、技术，进行创新地学习，策略都极其重要。良好的策略能使人更好地发挥运用天赋的才能，而拙劣的策略则可能阻碍才能的发挥。

学习策略具有特定性。由于其制定涉及一系列的因素，任何一个学习策略总是具体的、特定的、有条件性的，会因学习者及其所要完成的学习任务、所处的学习环境的不同而不同。运用学习策略时，要因人、因情、因境而定。因材施教，也包括善用个性化的学习策略促进学生的学习。

（二）学习策略的意义

首先改变了教学观。学习策略最重要的意义是改变了人们对学习的观念。过去教师把精力都集中在教学内容的呈现上，现在则转向重视学生对知识信息的加工过程和内化层面上。其次，人们改变了对教师的看法，人们不再将学习的成果看作是教师传授内容的结晶，而是视为教师所呈现的信息和方法，以及学生自身内化的程度。

（三）学习策略的教与学

掌握和运用学习规律是有规可循的，是可教可学的，而且是教学内容中最有价值、最有意义的部分。

1. 学习策略的教学原则

良好的学习策略，可以使学生以积极的心态，谋划学习战略，运用学习机智、方法和技能技巧，利于学生用脑，获得学习成果，并不断激励学生不断反思和改善学习。因此，在学习策略中要遵循"生成性""个性化""有效监控"和"个人效能感"等主要原则。

第一，生成性原则，要求学生对学习策略进行心理加工，即内化。有效掌握学习策略，就是要利用学习策略对学习对象（材料）进行新的加工，产出新质。对学习策略的学习，也要有这个过程，内化的过程。只有这样，学习策略才能转化为学生内在的东西，生成为其学习的宝剑、利剑。

第二，个性化原则，要求学习策略因生因情而异。每个人的学习心理品质是有差异的，其接受、内化、再生的学习策略是不同的。另外，学习策略是有层次的，必须让学生学会掌握各种各样的学习策略，不仅有一般的、精致的策略，而且还要有非常具体的、适宜的策略。适宜的、有效的策略，才是最好的策略。

第三，有效监控原则，要求教师能阐明和举例说明应用学习策略的时机，让学生了解和掌握何时、何地运用何类学习策略。

第四，个人效能感原则，要求学生能亲自体验学习策略的有效，能带给他学习的成功。态度总是和成绩密切相关，教师要帮助学生创设相应的学习情境，针对性运用相应的学习策略，使学生提高学习成绩，获得真知灼见或实实在在的技能技巧，从而亲自体验学习策略的伟力，激发学生自觉地学习、运用学习策略的动机。

2. 学习策略的教学模式

学习策略既有一般适用性，又有特殊的适宜性（宜人、宜情、宜境性）。不同的学习策略、需要不同的教学模式。

（1）通用学习策略的教学

这种策略内容不涉及任何特定的知识、技术，可训练学生学会学习的一般策略、方法和技巧，如使学生适合各种课程的信息收集、整理、加工、内化等策略，制定学习规划和计划的策略。要使通用学习策略的教学有效，就要与学生制定学习规划和计划、与特定的认知领域或习得技术领域结合起来。

（2）课程学习策略的教学

课程学习策略，是学习各类各门课程的学习策略，如高职教育中的项目课程、公共基础课程等都有其特殊性，有其特殊的学习策略和传授、训练模式。这种模式针对性强，但迁移性小。应结合每门课程教学进行。

（3）交叉式学习策略的教学

这种学习策略的教学是两种模式的综合，吸收了两种模式的精华、融会贯通，并舍弃了两者的欠缺。一般采用先教学通用学用策略，再与特定课程的学习内容、情境、方法、技巧相结合，教学课程学习策略，然后归纳、总结、提升，体会通用学习策略和课程学习策略的关系，直至能得心应手地运用。

3. 学习策略的教学过程

（1）趣味导入

通过对话或典型案例，或学生尝试、探索，待其产生困惑或无所措，再呈现新策略及其效果，以激发学生了解、掌握和运用学习策略的欲望和动机。这样可使学生处于一种强烈求知的积极心态下，使学习策略的指导转化为学生的内在需求。

（2）策略剖析

策略剖析是指深入浅出阐述策略实质。对三年制高职生可采用归纳法或演绎法，并详细提示策略的运用程序。

（3）策略运用

策略运用就是为学生提供或帮助学生创造机会，创设学习情境，使学生亲历、体验到运用策略的过程和运用策略的效果。

（4）策略反思

策略反思包括运用策略的过程、关键程序和效果，总结经验，以及进一步改善策略学习和应用的思路和方法。

随着终身教育理念的确立和终身教育体系的形成，学习策略作为教学策略的基础和核心，也显得越来越重要，对于高职生而言，如果掌握了学习策略，就会终身受其益。学习策略的研究与教学，会在教会高职生学习上有莫大的作用。

第四节　提升课堂学习有效性策略

一、师生互动式教学策略

互动式教学策略，是以师生互动、生生互动为基本特征的，以促进学生学习和发展为根本目标的教学策略。它应当是今后高职教学的重要教学策略。

（一）教学互动的内涵

"互动"指的是发生在个体之间、群体之间、个体和群体之间相互的社会活动的过程。

建构主义对教学情境中的互动做了深入的分析，揭示了存在"个体与环境互动"和"个体与自身互动"。教学活动，是社会互动的一种存在，指的是作为教学活动主体的师生与环境发生的各种交往与相互作用。从整个教学系统结构来看，教学活动中有各种各样的互动。教学互动主要有师生互动、生生互动、生境互动、师境互动和学生自我互动。这些多种类型或层面的教学互动已经引起了广泛的关注。以互动为基本特征的教学策略，便被称为互动式教学策略。根据教学互动发生的时空来看，可分为教学场教学互动策略和课外教学互动策略；从主体的互动对象来看，则有反思教学策略。

（二）教学场教学互动策略

教学场包括一般教室、专用教学、实验室、实训基地等为物质条件的一切教学场所。在教学场教学中，主要的教学互动策略可分为基本教学互动策略和支持性教学互动策略。

1. 基本教学互动策略

主要有"问答"和"讨论"两类。

（1）问答策略

"问答"在课堂教学中扮演着非常重要的角色，是课堂教学中的重要环节。一个成熟的、有成效的教师一定是一个杰出的提问者。良好的提问既可以启动学生参与教学活动的积极动机，又可以开动其智力活动，实现由教师中心向学生中心的转移，使师生在问答中进行思维碰撞、智慧互激、叠加和融合，实现知识信息的增殖或创造，并营造和谐宽松的教学气氛。有效的提问技艺主要有定向、启发、追问、质疑等。

（2）讨论策略

在课堂教学中为增进师生、生生之间的相互作用，实现智慧叠加，讨论和小组活动是最有益的选择。真正的小组讨论意味着所有学生通过积极参与，达到相互的智慧交流，互相促进学习，有时会激发信息碰撞，产生知识增殖甚至创新；同时，也会促进"教学相长"。

在实践教学活动中，互动策略，还可以加强职业技能、技巧的交流，彼此提高职业技能。

2. 支持性教学互动策略

为了促进各种形式的互动，教师要积极并善于创设教学情境（物质情境、人文情境和心理情境），为顺利开展教学提供物质上和心理上的支持。这类教学策略即是支持性教学互动策略。

（三）课外教学互动策略

课外教学中教师面对的是学生个体。因此，应该注重运用因材施教的种种策略。主要有协调策略和人际策略。

1. 协调策略

师生在教学过程中有不同的兴趣和爱好、不同的追求和价值观，扮演不同的角色。在课外教学活动中，要通过"角色磨合"和"兴趣契合"，达到默契配合，促进教学相长。

（1）兴趣契合策略

教师和学生对课程的兴趣不可能完全一致，有的差异性很大。这种不一致，会妨碍相互沟通和交流。这时，教师作为教学的主导者就要善于找到兴趣的"过渡区"和契合点，缩短兴趣的距离，达到促进交流和学习的目的，在取得共同语言和情感体验的基础上，形成默契的师生关系，促进教学相长和因材施教。

（2）角色磨合策略

角色磨合的过程是师生双方从陌生与封闭走向互相解读和熟悉的过程，从而加深了对各自角色及对对方角色的认知，增进相互理解和协调，为提高教学效果而共同努力。

2. 人际策略

人际关系的建立需要人际交往，而交往是要讲究策略和技巧的。人际交往技巧包括言语和非言语行为（如眼神、面部表情、身体姿态等）的交往技巧。师生人际策略的目标是师生关系的和谐。这种和谐有利于因材施教，促进学生个性化发展。

（四）反思教学策略

1. 反思教学策略的概念

要理解和把握这个概念，需要弄清什么是反思，什么是反思教学。

（1）反思

反思是对任何信念或假定的认知形式，根据支持它的理论和趋于达到的结论而进行的积极的、不懈的深思熟虑。反思的步骤：进入怀疑、犹豫、困惑而进行的探索探究行为。清除困惑、解决问题和促进实践合理性，是反思的目的。

（2）反思教学

它是教学主体借助行动分析不断探究和解决教学问题，将要求学生"学会学习"，同要求教师"学会教学"统一起来的教学。亦即反思教学是以探究与解决教学问题为核心的。在解决教学问题过程中，师生必须合作互动，共同展开"反省思维"。

（3）反思教学策略

主要指能激发学生利用已有的经验来进行自我发现的策略。它特别重视学生学习的经验。在反思教学活动中，教师通过互动交流，来激发和保持学生学习的动机和兴趣；学生则在教师的引导下根据已有的经验，积极地开展活动，从问题中发现意义，探索答案。由此可见，这种教学策略，也是一种以学生为中心的互动式教学策略。

2. 反思教学策略的类型

主要有两种：

（1）探究型

这是为发展学生探究能力的一种教学策略。其程序如下：

第一，提出一个能引起学生回答欲望的问题。

第二，发动和鼓励学生收集"可能答案"的事实和事例。

第三，让学生对所得信息进行综合分析。

第四，在综合分析的基础上，学生提出若干假设，并用这些假设尝试解释或解决问题。

第五，检验假设，得出正确结论。

（2）发现型策略

通过教师的指导，由学生发现问题并提出解决问题的方案。这种教学策略的使用，可以启发学生的心智潜能和积极的心态，以及内在的学习动机。其程序如下：

第一，创设问题情境，给学生提供探究的材料。

第二，引导学生提出假设并予以验证。

第三，指导学生提出概括性结论，形成概念。

第四，引导学生将所得结论运用到实际情景中，解决实际问题。

二、个体差异与因材施教策略

人的个体差异是普遍的客观存在。高职生之间在生理、心理、知识、技能、能力、素质各个方面存在着差异，完全相同的高职生是不存在的。每个高职生的内心世界都是一个独特的结构，是在自然基础上，经过家庭、高职、社会教育和环境影响，并通过其自身实践活动逐步形成和发展起来的。高职生的这种个体差异的存在，决定高职教育需要采取因材施教的教学策略。

（一）认知方式的差异和因材施教策略

学生学习风格，是指在学习情境中个体表现出来的、比较稳定的处理学习问题的方式和倾向。学习风格在整体上反映了学生的个性类型特征，一般是从认知方式、学习情感情绪、动机状态特征、对环境偏好，以及对学习组织方式等方面显示出来。其中，认知方式占学习风格的主要成分。认知风格是学生在接受、理解、存储、加工、转换、运用知识信息过程中所偏好的比较稳定的态度、情意和方式。

可以从不同视角对认知方式进行分类。具体可以如下区分。

1. 认知知觉方面的差异及对策

这种差异主要表现为：场独立型/场依存型；拘泥型/变通型两个方面。

（1）场独立型/场依存型

这里的"场"，指的是教学场，即教学的环境、氛围。这是在感知知觉信息和抽象方面的差异。具有场独立型的学生，一般是凭借其所生活空间的内在参照，从自己感知觉出发获得知识信息，比较少受环境的影响，喜欢独立自主的学习，不善于交往，偏爱自然科学类课程，习惯于独立思考，喜欢从整体场中分辨具体信息，具有比较强的学习动机和分析、综合能力；具有依存型的学生则易受环境的影响与支配，更多地利用外在的社会参照，确定其态度、情感和行为，乐意交往，从环境的刺激中得到知识、信息，倾向人际关系方面的课程或学科，乐意群体学习等。高职教师应当充分关注和分析高职生的认知方式或风格。从当前情况来看，在高职生群体中，可能场依存型的占多数。因此，一般应注意发挥小组合作学习的作用。但也应当激励部分倾向场独立型的学生，发挥其认知风格的学习特点；同时，还要注意部分场依存型的学生过分依赖他人的学习行为，给予针对性的教育。

（2）拘泥型／变通型

这是指个体在外界刺激干扰下注意力是否集中方面的差异。拘泥型的学生易因外物变化而分心；变通型的学生则能很好地控制自己，不易受外界变化的干扰，在学习中表现出较强的坚持力和控制力。一般来说，在高职生中变通型的不太多，拘泥型的相对较多。高职教师应当针对教学环境的变化采取相应的对策。

2. 认知记忆方面的差异及对策

这种差异主要表现为：平稳型／敏锐型；复杂认知型／简约认知型。

（1）平稳型／敏锐型

平稳型者会简化感知的内容，倾向于在旧知识基础上吸收新知识（温故知新），习惯于遵循类化原则；敏锐型者则习惯于辨别原则，强调当前感知的任务并进行单独处理，以区别旧经验。在学习过程中，平稳型者有一种趋同性，难以区分新旧知识的差别和联系，往往以先前的记忆表象来判断和解释新知识；敏锐型则能敏锐地辨别新旧知识的异同，较易接受新知识。

（2）复杂认知型／简约认知型

主要表现在问题情境中运用具体线索时的认知差异。前者在知觉过程中能考虑到各种不同的线索并能尝试综合运用之；后者则不善于处理复杂的问题情境，只能按简约法则做事。在学习活动中，复杂认知型学生乐意并善于处理复杂问题；而简约认知型学生面对复杂学习情境往往束手无策。高职教师在教学过程中应根据这两类学生的特点组织学习小组，让他们发挥各自特点，取长补短。

3. 解决问题上的差异及对策

这方面的差异主要表现为：冲动型／沉思型；概念型／知觉型。

（1）冲动型/沉思型

主要用来表述个体对具有不确定答案的问题的反应速度上的差异。冲动型者往往在没有充分考虑的情况下就给出答案，反应速度快，但错误较多；沉思型则总是在深思熟虑之后，才作出判断，给出解决问题的方案，反应虽然慢点，错误则较少。在组织学习小组时，应将两种类型相互搭配，以便取长补短。

（2）概念型/知觉型

一般来说，概念型者在问题情境中能面对众多的条件和要素，把握住解决问题的关键，形成一定的概念性认识；知觉型者只能凭借知觉看到问题的表面，不能看到问题的本质。教师在组织学习小组时，要注意两者的搭配。

4. 认知逻辑方面的差异及对策

主要表现为：跳跃型/渐进型；扫描型/聚焦型。

（1）跳跃型/渐进型

渐进型者在解决问题时注意探索具体、明确的材料，向于参考较少的资料，用逐步推进法来肯定或否定其假设；而跳跃型者则喜欢浏览大量资料，从中寻求某些范式或关系，倾向于检验大量的预测或相关的假设。在教学领域中两类学生使用的认知路线和策略不同，渐进型的学生采用的是合乎逻辑的线性进展路线，注意的中心集中而狭窄，谨慎而严格地对待每一个步骤，情感比较抑制，不太注重社交，思想比较保守，喜欢正规的教学方式和自然科学类课程；跳跃型的学生则喜欢使用整体性策略，视野开阔，表现出明显的个性化，情感丰富且外向，乐意接触他人，喜欢非正规的教学方式，喜欢人文科学类课程。在专业选择和职业定向上也存在较大差异。另外，认知方式与学习材料匹配的学生比不匹配者概括知识的能力更强一些。

（2）扫描型/聚焦型

扫描型者在审查了解问题情境时能从总体上把握各个方面，聚焦型则只重视问题的重点和关键。这两种不同的认知方式明显地影响到两类学生在学习过程中所用的记忆、推理和策略的差异。扫描型的学生倾向于扫描型策略，需要有较高的记忆、推理能力，但有利于创意；聚焦型的学生倾向于聚焦型策略，不需要太强的记忆、推理能力，注意力比较集中，有利于有效地解决问题。

5. 认知思维方式方面的差异与对策

主要表现为：聚合型/发散型；分析型/综合型。

（1）聚合型/发散型

体现出个体在面对问题情境时思维方式上的差异。聚合型思维者面对认知任务时会从所知信息中提出唯一明确固定的解答；而发散型思维者思路开阔，善于提供解决问题的多种不同的方案。在教学中，聚合型思维者表现出较高的智慧，而发散型思维者则表现出具有较强的创意创造能力。这两种思维还会影响到学生的专业或职业的选择。从当前培养创新能力的需要来看，应当注重培养发散型思维。

（2）分析型/综合型

在观察、认知事物时，分析型思维者采用"由部分到整体""先看树木后见森林"的程序；而综合型思维者则相反，是"由整体到部分""先看森林后见树木"。一般来讲，多数高职生属于后者。

（二）风格偏好和因材施教策略

1. 教学风格偏好

教学风格是教师在教学中运用教学策略的个性表现。随着现代教学技术的迅速发展，尤其是多媒体技术的发展和普及应用，产生或拓宽了大量的教学策略，常见的有：

讨论；讲座；学习竞赛；电子联网学习；模仿；独立学习；同学帮助；学习/兴趣中心；导师制等。

如果按照学生主动介入教学程度的高低顺序，将有关的教学策略排列起来，例如把"讲座"排在介入程度最低的一端，把"独立学习"排在最高的一端，教师就很容易看到某些学生对某些教学风格的反应。教师就可以利用这些教学风格偏好信息，为学生构建他们喜闻乐见的学习机会。当学生偏好的教学风格与教学策略相匹配时，教师就能最大限度地提高学生的学习兴趣。随时记录教学风格偏好很重要，可以为以后选择教学策略做参考。

2. 学习环境偏好

这是指学生偏好的学习群体形式（一个人、两个人一起、小组一起），当学生能自由选择时，他们寻求群体接纳的程度，几乎总能反映他们偏爱的社交方式。教师应当充分了解每个学生对学习环境的偏好，以便尽可能为他们构建适合他们的学习环境；同时，注意培养学生适应多种学习环境的能力。

3. 思维风格偏好

思维风格是指导人进行智力活动的方式。思维风格没有好坏之分。现实生活需要各种思维风格，教师应该提供训练各种思维风格的机会和作业。同时还应该注意到，学生偏好的思维风格可能会随着时空的变化而变化，因此，教师要经常关注学生思维风格的变化。

4. 表达风格偏好

每个学生喜欢的表达形式或作品是有差异的。教师可以通过学生喜爱的设计或作品、成果形式等识别学生偏好的表达风格。从而为学生提供表达自己的各种机会和途径，拓宽、扩大学生个体和小组学习内容的选择范围。

(三) 多元智慧的差异与因材施教策略

多元智慧理论要求教师拓展教学智慧和策略，更好地运用因材施教的教学策略，组织好教学过程和教学活动，促进学生的发展。

尽管人人都有多元智慧，但是每个人的各种智慧成分的分量以及在认知活动中发挥的作用是有差异的。有的人多元智慧或各种智慧的功能都很强；而有的人只在某些智慧方面突出，而在其他方面的智慧却比较差。因此，应当因材施教。

第二章　高职教育教学管理

第一节　高职教育教学管理的概念与内容

一、高职院校教育教学管理的概念

要正确理解高职院校教育教学管理的概念，首先必须正确理解高等教育管理的概念。高等教育管理是人们根据高等教育的目的和发展规律，有意识地调节高等教育系统内外各种关系和资源，以便达到既定的高等教育系统的目的。

（一）高等教育管理的任务

高等教育管理的任务就是有意识地调节高等教育系统内外各种关系和可以利用的高等教育资源，以适应高等教育系统发展的客观规律。高等教育系统是社会大系统的一个子系统，一所高职院校也是一个社会系统，校内按工作序列分，有教学系统、政工系统、后勤系统；按隶属关系分，有校部、系科、班组。这些部门构成了相互隶属的管理系统。由于系统中存在着多种矛盾序列，因此，高等教育管理就显得很有必要。高等教育管理的任务就是协调并最终解决高等教育系统中存在的矛盾。在高等教育管理中，要用系统论的眼光来设计高等教育的整体和各部分之间、各要素之间、高职内部与外部环境之间的相互关系，树立整体的观念，并通过有效的管理实现系统要素的整体优化。

（二）高等教育管理的目的

高等教育系统存在着两个不同层次的目的：培养人是高等教育的实质性目的，高等教育系统的一切工作（包括管理工作）都必须围绕这一目的展开；对高等教育系统中各种关系和资源的协调构成了高等教育管理的目的，通过有效的管理，能确保高等教育实质性目的的实现。因此，不论是宏观的高等教育管理，还是微观的高等教育管理，都已包含在这样的概念中：宏观高等教育管理所依据的是国家总的教育发展方针、教育基本规律和社会发展背景，通过行政的、立法的、经济的、评估的手段进行协调和控制，最终实现高等教育培养人才、促进科技发展等目标；微观高等教育管理是在宏观高等教育管理的背景下，依据某一方面教育、教学规律而实施的对某一子系统的矛盾和关系的协调，实现高等教育系统部分目标的过程。

高职院校管理是指实施高职教育活动的高职院校依据高职教育目的和高职教育发展的一般规律，有意识地调节高职院校内外的各种关系和资源，有效地达到既定的高职教育培养各级各类高层次专门人才的目的的过程。

二、高职院校教育教学管理的内容

（一）教育思想管理

管理者抓教育管理，首先要把着眼点放在对教育思想的管理上，以保证教育工作的方向性。方向性就是使教育体现党的教育方针的要求；体现教育的主要任务即传授知识、塑造思想、发展能力、增强体质的要求；体现教育工作具有社会性、科学性、继承性、创造性和滞后性等特点的要求，以这些要求来统率教职工的思想行为和教学工作的全过程，以这些要求为准绳，按照教育工作的规律开展教育研究和实验改革等活动。

教育思想管理的重点在于帮助教职工端正思想方向，特别要树立全面贯彻党的教育方针，全面提高教学质量的思想；树立"教书育人""管理育人"和"服务育人"的思想；树立改革开放、理论联系实际、教育教学工作要适应高职教育建设和发展需要的思想。

（二）专业设置管理

专业的开设关系到高职院校的培养目标、教学任务与办学效益。高职教育高职的专业设置管理的主要内容包括以下两个方面：

1. 建立按需培养，即"以产定销"的专业设置机制

建立"招生与就业"机构，将教育教学与生源市场和就业市场紧密结合起来，将对两个市场信息的调查分析作为高职专业设置的客观依据。为此，要进行社会、市场需求的定期调查，分析形势，进行决策。

2. 建立专业设置评议委员会

根据科学的程序对专业设置进行可行性评估分析。分析内容主要包括：服务

范围、服务对象、服务内容的需求、可利用的条件、专业周期、专业组合结构和成本效益等。

（三）教学管理

教学是高职经常性的中心工作。教学管理要在正确的教育思想指导下，运用科学的管理方法，使教学工作制度化，实现低成本、高效益的规范化运转，实现高标准的教学质量目标。

1. 教学工作制度与计划

高职教育的教学工作几乎涉及高职的各个方面、所有的组织和每个人，要保证每个方面配合协调、工作有序，就要使教学工作走上具有科学性、规范性、可操作性和权威性的制度化管理轨道。

教学工作制度一般包括备课上课制度、实验实习制度、成绩考核制度、教学检查评比制度和教学质量分析研究制度，还包括主辅修制、学分制等等。根据教学的要求，制度也要不断调整或更新。

教学工作计划的制订，是教学工作的起始环节，其目的是使每个教职员工掌握高职教学工作的总目标和一定时期的目标、各部门的分目标，然后齐心协力去完成。计划包括任务与目标、完成任务与目标的行动方案，同时还应规定完成计划的过程和结果控制的标准。教学工作计划按时间可划分为学年计划、学期计划和周计划；按组织层次可划分为全校教学工作计划、专业教学工作计划和教学组（室）教学工作计划。

2. 教与学过程的管理

教学过程的基本环节有：备课、上课、布置和批改作业、课外辅导、实验实习指导、检查和评定学生学习成绩等，对这些环节的进度、程序规范及工作质量都应通过计划与制度给出明确要求，并对在实现过程中出现的偏差进行及时的纠正与控制，否则将由于个别环节的失控影响整体。学生学习过程的各个环节也需要管理，高职教学的目的更重要的是培养学生自主学习和独立学习的能力，在此观点下教师的任务应更侧重于对学生学习的管理。学生学习过程的主要环节为选择专业、选修课程、制订学习计划、预习上课、做作业、复习、自我考核、总结等。除教学计划内安排的教学活动外，高职还有供学生选择参加的多种形式的教学活动，其内容按性质分为思想政治活动、科技活动、文学艺术活动、社会公益活动、娱乐体育活动等；按学生参加活动的形式分为群众性活动、兴趣小组活动，高职应将这些活动纳入教学管理的范围。

3. 教学质量管理

教学质量管理是一种综合性的全面管理，首先要树立正确的教学质量观，同时要有科学可行的质量标准；其次是对影响质量的全部因素进行管理，即对影响教学质量的所有因素施以监督和控制；再次是对工作全过程进行管理，从教学工作过程和学生质量形成过程两个角度把握；最后是全员管理，对质量形成的全过程和全因素进行监控。

（四）教师管理

高职工作如何、学生质量如何，关键在于教师。对教师的管理需要根据人事管理工作的一般规律，并结合高职教育教师的工作特点，提出科学、合理、可行的管理办法。

1. 教师队伍建设

高职教育因专业门类多，教学环节、形式丰富多样，除了对教师个体提出较高要求外，还要求有一个合理的高素质的教师群体，因此教师队伍的建设就更为复杂艰巨，应采取多种方式做好教师队伍规划和师资培养工作。

第一，要有合理的职称结构，每一个专业都应有专业带头人，有具有高级、中级、初级专业技术职务的教学骨干和辅助人员，形成一个具有不同教学能力、教学水平，能够承上启下、持续发展的教学队伍。

第二，要有合理的专业结构，基础课、专业课、实习课教师比例应与课程结构比例相匹配，通过群体结构弥补个体能力结构的不足。

第三，还应有合理的学历、经历结构，高职教育高职既需要一定数量的高学历的教师，也需要一定数量的具有"双师素质"的教师，还需要一定数量的学历不很高，但实践能力很强的实践指导教师。

第四，要根据师资结构规划，通过录用方式获取新生力量，优化结构。可采用的方法主要有录用新毕业人员和调用、聘用有一定专业实践经验的在职人员。要搞好在职教师的培养、培训工作，根据不同情况对教师进行不同内容（如专业理论、教育理论、实践能力）的培训，应根据不同条件采取脱产进修、在岗培训、企业实践、教学研讨等多种形式进行。

2. 教师管理

第一，依法进行高职教育师资管理，是贯彻党的教育方针，落实党的知识分子政策，改革教师管理制度，建设一支结构合理、质量优良的高职教育师资队伍的根本保证。

第二，高职的生存和发展是靠有效的工作成绩来支持的，因此重视工作成果和工作效率，强调以对高职实际贡献大小作为衡量、评价和奖惩教师的标准是必要的，也有利于改变高职管理中人浮于事和"大锅饭"的弊端。凭借绩效标准考评和奖惩教师会提高教师的成就意识，最大限度地激发个人的聪明才智，使其努力做好每项工作。

第三，在教师管理中，要坚持激励性原则，以表扬和鼓励为主，引导教师自我教育、自我管理。在管理中，应将精神奖励和物质奖励相结合，以精神奖励为主。如树立先进人物和表彰先进事迹，授予荣誉称号，建立奖励基金和晋级、提级等，都是运用激励原则的范例。同时还要注重为教师创造一个良好的工作环境，包括有效的培养、晋升环境，无后顾之忧的生活环境和一个和谐友好的人际关系环境。

（五）学生管理

在教育过程中，学生既是受教育的客体，又是自我教育的主体，学生是高职教育工作的对象。学生的管理除了包含行政管理的内容外，还包含了许多教育性的管理。管理是对学生进行教育的手段，对学生的管理要着眼于形成积极和稳定的教育和教学秩序，促进学生全面、健康地发展，使其成为合格的应用型人才。

1. 招生管理

招生工作是学生管理的第一步，是一项计划性、政策性、时间性都很强的复杂而又具体的工作。高职应制订好招生计划；制订本校各专业招生简章，广泛对考生进行宣传工作；组织好报名考试（包括面试、加试专业科目等）；做好考生的择优录取工作。

招生计划是否符合实际是高职开发生源市场能力的综合体现，因此要认真学习国家的招生政策，对行业、社区的需求进行深入的调查，并尽量与用人单位签订培养合同，做到按需培养；同时还要考虑高职教育资源的情况，优化专业结构，提高规模效益，降低培养成本。

对考生进行咨询服务，包括宣传各专业情况、培养目标、就业前景、开设课程、招生范围和对考生有何特殊要求，同时也帮助考生根据个人意向、个性特征和德智体状况选择专业。

为了使考生情况与专业需求更加匹配，高职可以增加一些面试和专业技能考核。对有些专业如农科类、艰苦行业、特殊行业，在招生工作中还需做出特殊的规定。

2. 就业管理

高职教育高职的服务功能，必须通过就业这一环节才能实现。高职要加强就业安置工作的管理，不仅是高职自身管理工作的加强，也是为国家、社会、学生个人排忧解难的一项重要工作。就业安置工作主要有以下几个方面：一是按国家计划和用人单位合同，配合劳动人事部门，协助毕业生就业；二是协助毕业生进入劳动力市场，实现供需见面、双向选择、社会考核和择优录用；三是加强与用人部门的联系，获取招聘信息，帮助毕业生寻找用人单位；四是对毕业生进行就业指导，帮助他们掌握国家的劳动就业方针政策，了解供求信息，更新就业观念，提高自主择业能力。

3. 学籍管理

学籍管理是根据国家教育行政部门制定的有关政策规定和实施办法，对学生的入学资格、在校学习情况和学习资格以及毕业资格进行管理。它包括的内容一般有：注册、考勤、成绩考核、升级与留级、转学、退学、休学、奖励与处分、审查学生的毕业资格和毕业手续等。学籍管理是一项政策性和教育性都很强的工作，严格执行学籍管理制度能够保证高职的正常教学秩序，保证基本教学质量。

（六）教育质量管理

提高高职教育质量是高职教育管理的出发点和归宿。在高职教育管理中所做的一切工作，都是为了提高教育质量。质量是教育的生命，质量管理是上述各种管理的高度概括。教育质量管理工作就是通过抓质量，对教学实施管理。具体说，它包括质量标准的确定、质量检查与质量评估。质量标准具有模糊性、综合性的特点，很难完全用数字来表示。因此，实施教育质量管理，首先是质量标准的确定，其次是教育质量控制，再次是教育质量评估。如果说确定质量标准，是教育质量管理的起点；质量控制，为的是检测和保证教育质量标准的实施；质量评估就是对教育工作过程和成果的质量总检验，是衡量质量控制成效的工具。三者缺一不可，都直接地促进教育质量的提高。

第二节　高职教育教学管理的原则与方法

高职院校教育教学管理的本质和特点决定了高职院校的管理必须依据一定的基本原则和方法，只有在一定的原则下，方法得当，才能提高管理水平和管理质量。

一、高职院校教育教学管理的基本原则

（一）高职院校制订基本原则的指导思想

高职院校制订教育教学管理基本原则的指导思想，一是必须符合事物发展的客观规律。原则作为指导人们行动的准则，必须符合事物发展的客观规律。否则，要人们遵循其行动，只能给事业带来不应有的损失。二是原则必须符合自己的目标。制订原则必须紧紧扣住自己所要实现的目标。抓住目标，原则的针对性才强。三是原则必须用语简明，概括准确。原则作为指导人们行动的准则，要便于人们牢固地记忆，还要便于人们科学地使用。这就要求原则的根据、提炼必须准确。

（二）高职院校教育教学管理的基本原则

根据现代高职院校管理的基本规律、基本原理，以及制订原则的指导思想，高职院校管理的基本原则概括如下：

1. 方向性原则

方向性原则即指高职院校不仅要善于实现管理的现代化、高效化，而且要始终不渝地坚持"教育必须为社会主义服务，为人民服务"的方针，努力为现代化建设培养大批德、智、体、美全面发展的新型人才。贯彻高职院校管理的方向性原则，关键在于有效地将共产主义世界观的培养与教育贯穿于高职院校教育教学管理的各项活动之中，有效地将坚持正确的政治方向放在高职工作的首位，努力把学生培养成为有理想、有道德、有文化、有纪律的技术人才、管理人才以及其他社会主义劳动者。

2. 整体性原则

整体性原则是指把高职教育的各种管理资源和管理对象及其与周围事物的联

系作为一个整体去加以控制，使其系统、分层次地有序运行，以取得高职教育管理的最佳整体效应。高职教育既是一个独立的整体，又是社会统一整体的部分，必然要受到社会其他方面的影响和制约。在高职教育这个整体的内部，又可分为若干相对独立的、互相制约的要素或子系统，并维持着一种稳定、有序的状态。要对高职教育进行科学管理，不断提高管理效果，必须研究各种管理资源和管理对象及其与周围事物的关系。既要有整体观念，从全局出发，从整体上把握事物的特点，研究事物整体的协调及其与周围事物的联系；还要把事物分解为若干子系统或各种简单的要素，并研究各种要素的属性和它们之间的联系，从而使高职教育全部管理活动按照客观规律和谐运行。这样，高职教育管理才能充分体现现代科学在发展过程中互相渗透，形成整体化的趋势，并取得整体优化的管理效果。

3. 科学性原则

科学性原则是指在高职院校教育教学工作中，必须坚持实事求是，一切从实际出发，自觉地按照高职教育规律和管理规律办事，使各项工作井然有序，达到最佳管理水平。贯彻科学性原则，必须做到：

第一，管理者要具备科学素质。管理者要认识到管理是一门科学，缺乏科学素质，是无法做好管理工作的。

第二，建立科学的严格的管理制度，使各系统工作紧密配合。

第三，建立健全教职工责任制。各项工作专人负责，规定职责范围，目的是达到事事有人管，人人在自己的职责范围内充分发挥个人的聪明才智，做出更好的成绩。

4. 教育性原则

教育性原则是指高职院校教育教学管理工作不仅要通过管理完成一般的工作任务，而且要十分注意高职院校各项工作对学生的教育作用。高职院校是培养人、教育人的场所，青年学生可塑性大、模仿能力强，高职里的各种因素无时无刻不在影响着学生。所以高职院校的全体人员和全部工作都应当始终注意贯彻教育性原则。

第一，要求全校教职工都应注意自己思想行为的示范性。校长应是教职工的楷模，是学生学习的榜样，高职的其他领导干部和教职工都应当有高尚的道德品质和崇高的精神境界，应当在各个方面都堪称学生的表率。

第二，要求各项工作典范化。高职院校全体人员都应十分注意各项工作对学生的示范作用。各项工作都应严肃认真，一丝不苟；执行各种制度必须十分严格，不徇私。

第三，要求高职设施规范化。一所高职如果校舍整洁、环境优美，可以使人心旷神怡、精神愉快，对于优化教育教学环境、净化学生心灵、陶冶师生员工的思想情操、振奋精神、丰富生活情趣，都有重要的意义。

5. 高效性原则

贯彻高效性原则，要求管理者坚持正确的办学方向和目标，只有高职教育管理目标正确，工作效率高，才能取得高效益，在坚持正确办学方向的同时，管理者的每项具体决策必须科学合理，指挥得当。

贯彻高效性原则，要求管理者合理使用高职教育管理资源。高职教育在进行智力开发和人才培养过程中需要一定的资源，包括物力资源、人力资源、财力资源等有形资源，还有信息资源以及时间的利用、工作组织的改善、管理方法的革新等动态资源。动态资源具有无形和潜在的特点，它与有形资源合理结合，可以极大地提高高职教育的办学效益。

二、高职院校教育教学管理的基本方法

高职院校教育教学管理有着自己独特的管理过程。根据高职院校教育教学管理特点，其管理也必须采取不同于其他管理活动的方法。

（一）调查研究法

调查研究法是高等职业教育管理者的一种基本功，是其必须具备的一种管理能力。要提高管理效率，就必须对所管理的对象有透彻的了解，就必须对它的现状和历史，对各类人员的基本素质、能力和要求，对工作中有利和不利因素等有全面的了解。而这一切信息的掌握，只能靠深入、周密的调查研究。这就要求管理者必须懂得调查研究的理论，掌握调查研究的方法。

调查研究是做好管理工作的基础。高职教育管理目标的决策、各项计划的制订、管理过程的有效控制、管理效果的最终评估等，都要以调查研究为前提和依据。只有通过深入调查研究，才能摸清情况、信息畅通、预测未来，管理工作才能成为有本之木、有源之水。常用的调查研究方法有直接观察法、报告法、个别访问法、开会调查法、填表调查法、通信调查法等。

1. 直接观察法

直接观察法是调查人员深入现场，亲自观察、测量、计数以取得资料的方法。这样取得的资料，具有较高的真实性和准确性。

2. 报告法

利用现行的统计报表获取需要的数据资料，同时也可利用被调查单位的原始记录等资料。

3. 个别访问法

个别访问法是调查人员向被调查者逐一询问、记述以取得资料的方法。它的优点是由于调查人员对调查项目有统一理解，能按统一的口径询问取得资料。

4. 开会调查法

为了研究某种问题，由调查人员有计划地邀请一些熟悉调查问题的人进行座谈讨论，以搜集所需要的资料。由于这种方法可以开展讨论，因而有可能把问题了解得更深一些时还可能找到解决问题的办法。

5. 填表调查法

这种调查方法是调查人员将调查表送交被调查人，说明填表的要求和方法，由被调查者根据实际情况，按照表中栏目自行填写，然后由调查人员统一审核处理。这种方法可以节省人力和时间。但是，这种方法要求被调查者具有较高的文化素养和积极配合的态度，否则难以保证调查资料的准确性。

6. 通信调查法

这种方法也是一种填表调查，其不同之处是这种方法的调查对象可能分散在各个地方，调查者和被调查者采取通信方式进行联系。这种调查方式不受地区的限制，能更为广泛地收集资料。

（二）行政管理法

行政管理法是指高职教育者依靠自己的权力和高职院校的行政机构，运用行政手段、行政方式和依靠管理者的权力进行管理。行政手段是指采用决议、决定、命令、指令性计划、纪律、规章制度、工作程序、标准、指标、定额、监督、检查等手段进行控制；行政方式是指以法律规定的行政强制力，去直接控制被管理者的行为。在高职教育管理中，行政管理法对于保证管理目标的实现而言是不可缺少的。但是，行政管理法如果运用不当，就会违背客观规律和人民利益，给高职院校工作造成危害。运用行政管理法应注意以下问题：

1. 正确使用行政管理法

行政管理法最突出的特点是其强制性和权威性。这种带权威性的强制性的行政管理法，应该是以客观规律为依据，从实际管理需要出发，反映群众的正确要求和愿望，因此它与违背客观规律和群众愿望的强迫命令、个人专断是不相同的。在管理工作中，不能把强制性命令与强迫命令相混同，错把强迫命令当成强制性命令来执行，不能把个人专断当成权威来执行。在高职教育管理中，不能任意扩大行政管理法运用范围，更不能滥用行政管理法。要根据不同的情况和条件，在必要的和可行范围内运用行政管理法，并不断改进和完善，使其更加符合客观规律和人民群众的愿望和要求。

2. 行政管理法要与其他管理方法结合使用

在高职教育管理中，其他管理方法的实施往往需要行政手段来实现。同样，运用行政管理法时，也必须与其他方法相结合，以弥补行政管理法的不足。行政管理法的局限是与其特点相联系而产生的，行政管理法最根本的特点是其强制性和权威性所形成的集中统一性，这种高度集中，会因为管理层次多、垂直指挥等，造成各部门、各单位之间的沟通困难，造成下一级领导有职、少权、无责的现象。现代管理要求实行分权，信息传递迅速准确，沟通畅通无阻，便于子系统发挥积极性和创造性。为了弥补行政管理法的缺点，就必须与其他方法结合使用。

（三）思想教育法

思想教育法是指通过有针对性的思想政治教育来提高高职院校师生员工的觉悟，激发人们的积极性、主动性的方法。思想教育法是高职教育管理的重要方法，而且对高职教育管理的其他方法的实施也有着重要的促进作用。

高职院校的思想政治工作，应服务于教育体制改革，培养合格的社会主义建设接班人，这是教育的中心工作。高职院校思想政治工作要同各项工作结合起来：思想政治工作要同教学工作紧密结合起来，寓思想政治工作于教学管理之中；思想政治工作要同后勤服务结合起来，以高质量的管理和优质的服务去教育学生，以全校教职工的良好形象和高尚道德品质去影响教育学生，把思想政治工作真正渗透到各个方面，渗透到管理全过程。高职思想政治工作是提高全体人员的社会主义觉悟，使教师为社会主义而教，学生为社会主义而学，职工为社会主义而工作。

（四）学术研究法

管理的方法。运用学术研究法应做到以下几点：

第一，高职院校的管理者重视学术活动，带头进行科学研究，在师生中起示范作用。

第二，在教师和技术人员中广泛宣传，讲明开展科学研究的重要性和必要性，引导大家明确其目的和意义，积极自觉地参加科学研究。

第三，组织科研骨干队伍、老教师对年轻教师进行传、帮、带，骨干教师要带领一般教师和技术人员，建设一支老、中、青结合的科研队伍，提高科研水平，以增加经济效益和社会效益。

第四，有计划地定期组织各类学术活动，开展科研成果交流活动，对科研工作成绩突出者和优秀者给予物质和精神奖励，提高大家开展科研活动的积极性。

（五）教育激励法

教育激励法是教育方法和激励方法的有机结合，是调动高职院校全体人员为实现管理目标而努力工作的自觉性和积极性的重要手段。运用教育激励法应做到以下几点：

1. 要有求实精神

社会存在决定社会意识。运用教育激励法，教育是前提，不进行教育，不解决思想认识问题，激励就会失去方向，不能起到应有作用。运用教育激励法，研究了解人们的需要和现实生活中的矛盾是基础，如果不把解决实际困难和矛盾放在重要位置，教育就成了空洞的说教，收不到预期效果。

2. 要掌握好"质"和"量"的问题

教育激励法，采用了心理学、社会学、行为科学的许多理论，科学地运用这种方法，就要注意"质"和"量"两个方面。所谓"质"，就是要掌握准确、公道的原则。对问题要了解清楚，性质要抓准，采用的方法要"对症"，教育才有准确性，也才能公道，以理服人。所谓"量"，就是要掌握适当的刺激量，刺激量太大或太小都不利于调动和保持积极性。

3. 要讲究艺术性

所谓艺术性，主要表现在教育激励的时间掌握、形式变换上。在时间掌握上，既不能对思想问题的解决急于求成、操之过急，也不能拖拉疲沓，把一项教育活动拖得时间过长，还要注意把教育和激励紧密结合起来，防止脱节。在形式变换上，要讲究形式多样，交叉变换使用，有形和无形的工作要互相结合。

第三节　高职的管理组织机构与管理体制

建立主动适应社会主义市场经济和社会进步需要的有效机制及科学组织结构，并确立合理的管理职能，对充分发挥高职院校各方面的积极性，提高工作效率至关重要。

一、高职院校管理组织机构与职能

高职院校成立的教育教学管理组织机构是为了实现特定的目标，在各个部门分工合作的基础上，依据不同层次的权利和责任制度，合理地协调活动的社会群体。其功能就是沟通信息，协调各部门、各层次的关系，协调全体成员的活动，实现组织的整体目标。

（一）高职院校管理组织机构的设置原则

1. 任务与职能相适应的原则

相关职能部门是为了有效地完成高职院校的工作任务。因此，设置某一组织机构，必须尽可能地将同类工作任务归结到同一管理部门中去，使设置的每一个职能部门都具有明确的职能和管理权。否则，同一事件，这个部门有权管，那个部门也有权处理，就会造成工作彼此冲突，或互相推诿，延误任务完成。同时也应注意，不要把互相没有必然联系的几件事放在同一个部门管理。

2. 分工与协作相结合的原则

科学的分工是使管理工作有条不紊的保证，明确责任、落实任务、强化职能是设置高职院校组织机构的基础。高职管理的任务目标并非某一部门所能完成的，需要各部门的协调与协作。因此，设置高职院校组织机构，既要考虑到合理分工，又要考虑到有利于促进协作，明确各部门间的相互关系及协作的内容和范围。

3. 层级与效率相协调的原则

设置高职院校组织机构的层级应以提高工作效率为原则。层级过多，看似系统性强、管理严密，但工作运行周期长、周转多、效率低；层级过少，则管理幅度增大，工作过程中会出现顾此失彼现象，也会影响工作效率。

4. 精干与高效相统一的原则

设置组织机构，应注意充分发挥每一个部门的效能，力求精干，避免机构臃肿，人浮于事等现象。但"精干"并不等于"越少越好"，如果少到该管的工作无人管的程度就不成为"精干"了，必须把力求精干与高效率、高质量完成任务统一起来，做到机构精干，工作高效。

（二）高职院校管理组织机构的设置

当前高职院校的组织机构设置多采用"直线——职能型"，这是一个由直线指挥系统和职能主管部门共同组成的高职组织机构。这种组织机构的优点是上下级领导关系清楚，各部门职能明确，任务分工清晰，有利于有效地行使指挥权。

（三）高职院校管理组织机构的职能

1. 党委系统主要组织机构的职能

（1）党委办公室是校党委的综合办事机构

其主要职责是参与起草校党务工作计划、总结、报告和决议；负责党务公文处理工作；负责党委会议的会务工作；负责做好高职党的统一战线工作；负责党委印章的管理和使用工作；负责党委系统档案归档工作等。

（2）组织部是校党委主管组织工作的职能机构

其主要职责是根据上级党组织和校党委的部署提出年度或学期组织工作计划或实施意见，并督促检查执行情况；负责做好党员管理的基础工作；负责做好党支部建设工作；负责组织发展工作；配合纪检部门做好党风、党纪教育工作；负责全校中层干部的管理工作；负责党校的常务工作等。

（3）宣传部是校党委主管宣传工作的职能机构

其主要职责是根据校党委部署提出年度或学期宣传工作计划并组织实施；宣传党的路线、方针、政策和国家的法律法规，做好全校宣传工作的部署、检查和督促工作；指导协调各部门的宣传思想工作；安排好全校教职工的政治学习活动；负责全校重大活动和节日的舆论宣传工作；负责高职的对外宣传和信息工作等。

2. 行政工作系统主要组织机构的职能

（1）校长办公室

校长办公室是在校长直接领导下的综合管理机构。在对外联系、交往、接待中起"门面""窗口"作用；在内部管理中起沟通上下、协调左右的"智囊""枢纽"作用；在校长决策过程中起综合处理信息的参谋、助手作用；在贯彻执行校长和校长办公会议决定的过程中起监督、检查作用。其主要职能是：

第一，负责行政会议的准备工作，协助校领导组织会议决定事项的实施。

第二，协助校领导组织起草或审核以高职、校长办公室名义发布的公文。

第三，研究各部门（单位）请示的问题，提出审核意见或建议，报校领导审批。

第四，综合协调各部门之间的工作，根据校领导的指示，对部门间出现的问题提出处理意见，报校领导决定。

第五，督促检查各部门（单位）对高职公文、会议决定事项及校领导有关指示的执行落实情况并跟踪调研，及时向校领导报告。

第六，协助校领导处理需由高职直接处理的突发事件和重大事故。

第七，围绕高职重点工作和校领导指示，组织专题调查研究，及时反映情况，提出建议。

第八，负责行政公文的收发运转、档案管理和保密工作，及时做好信息收集和反馈工作。负责高职信息化建设、管理和统计分析，为校领导决策服务。负责高职工作简报的采编工作。

第九，做好对外联系和接待工作，办理校领导交办的有关信访事项。

第十，负责全校车辆的调度与管理，负责高职一级的行政管理、报刊订阅及收发工作。

第十一，承担高职教育国际交流、合作办学及对外宣传工作，负责外籍教师和文教专家的接待、管理工作。承办校内教职工因公出国的相关手续。

第十二，办理校领导交办的其他事项。

（2）教务处

教务处是在校长或主管副校长领导下管理全校教学事务工作的职能机构。在规模较大且设专业系（部）的高职院校中，对各专业系（部）教学工作起指导作用；在规模较小，不设专业系（部）的高职院校中，对各教研室（组）起领导作用。其主要职能是：

第一，协助校领导组织拟定教育教学改革与发展规划。

第二，组织制订和实施高职专业建设，并向上级教育行政部门申报新专业课程建设和教材建设方案，组织和指导系（部）制订教材（讲义）的编写和征订计划。

第三，负责高职教学计划的修改、审定与实施，对系（部）各专业执行教学计划的情况实行监督、检查，组织进行专业办学水平、实验（实训基地）以及教学业务的检查评估。

第四，组织制订高职教学基础设施（设备）建设计划，督促、检查各专业实验室的建设。

第五，负责全校学生学籍管理。包括新生注册、学籍档案和整理、保管和移交，对毕业生进行资格审查、报批。负责对学生进行职业技能的培训与鉴定及各类证书的发放。

第六，配合人事处做好教师的继续教育和业务培训工作，组织教师开展进修实习或社会实践。

第七，负责全校学风建设和校级公共课程的教学检查、评估及考试工作，对系（部）教学常规管理进行检查、监督与评价。

第八，负责上级教育行政部门布置的高职系统大学生科技、文化等竞赛活动的组织与指导。

第九，协助高职组织对先进教学经验、优秀教学成果、教改方案的交流推广。

第十，办理校领导交办的其他事项。

（3）科研处

科研处是统筹高职院校的教育科学研究工作在校长或主管副校长直接领导下的教学辅助机构，它是高职院校的重要组织机构之一。其主要职能是：

第一，围绕高职科研工作重点，拟定和下达高职科技工作中长期规划和年度科研计划。

第二，组织承担国家及省市重点科技项目的联合开发研究，负责院级以上科研课题的审核和申报事宜。

第三，组织科研项目的结题登记、审核验收、申报评审和优秀成果推荐申报及科研成果的推广。

第四，协助、配合教务处指导重点实验室的建设，负责全校科技项目及科研情况的统计工作。

第五，负责协调高职内部课题协作，组织开展对外科技交流活动。

第六，开展学术委员会日常工作，负责学术委员会议的筹备及会议决定事项的实施。

第七，协调有关知识产权和专利等方面的工作，负责知识产权和专利的登记、审核和申报工作并办理相关手续。

第八，办理校领导交办的其他事项。

（4）成教处

成教处是高职管理成人继续教育工作的职能机构。其主要职责是：

第一，根据高职工作总体规划，制订成教工作计划并组织实施。

第二，负责起草修订成教学和学生管理的有关规章制度并组织实施。

第三，负责编报成教招生计划并负责招生录取工作。

第四，负责起草修订成教教学计划、教学大纲和教学文件并组织检查执行情况。

第五，负责成教教学任务的安排工作，组织做好教学质量检查、教学评估和教学环节各项工作。

第六，负责成教学生学籍管理和教材建设与管理工作。

第七，负责成教学生的思想教育与管理工作等。

（5）高职教育研究所

高职教育研究所是高职负责教育教学研究工作的职能机构。其主要职责是：

第一，根据高职工作总体规划，制订教育教学研究工作计划和发展规划并组织实施。

第二，负责起草修订教育教学研究工作规章制度并组织实施。

第三，负责全校教育教学研究工作的指导、协调、培训和管理。

第四，负责全校各级各类教育教学研究项目的管理工作。

第五，积极开展调研和信息工作，为高职提供决策咨询服务。

第六，积极参与高职重大改革规划材料的论证和起草工作。

第七，积极开展教育教学研究工作。

第八，做好上级教育教学研究主管部门、学术团体交办的工作等。

（6）计财处

计财处是在校长直接领导下，负责全校经费收支、核算和管理的职能机构。

财务管理要坚持目标明确、为教学服务的原则，坚持讲究实效、勤俭办学的原则，坚持保证重点、统筹兼顾的原则，坚持财务公开、民主管理的原则。其主要职能是：

第一，围绕高职建设与发展实际，组织编制财务计划与财务预算方案。

第二，负责高职教育经费的筹措与管理，拟定经费包干方案并组织实施。

第三，拟定高职收费项目及标准，完成有关收费项目及标准的报批手续。负责全校学费及相关费用的统一收取。

第四，承担高职直属单位的会计委派与管理工作，督促、检查各单位财务常规工作和执行财务法规、规章情况。

第五，拟定高职固定资产投资计划，审核评估基建投资方案，对基建投资情况进行监督、检查。

第六，协助学生工作处做好助学贷款工作。负责全校教职工的医改工作。

（7）人事处

人事处是在校长直接领导下管理全校人事工作的职能机构。其主要任务是协助校长具体贯彻执行和落实党和国家在人事、劳动、工资等方面的政策。其主要职能是：

第一，负责高职及其直属单位的干部人事调配、机构编制、工资调整晋级和职称评聘工作。

第二，负责高职教师队伍的教育、培训、考核、奖惩及管理工作。组织开展优秀教师、学科带头人及享受政府特殊津贴人员的评选、考核、推荐及申报。

第三，办理教师资格审查、申报、认定手续，根据高职统一部署，有计划地安排教师进修、培训。

第四，组织制订实施高职人事制度改革方案，做好优秀专业人才引进和富余人员的培训、分流工作。

第五，办理教职工离退休、退职、辞退、停薪留职手续。负责离退休人员和老干部工作。

第六，承接校领导交办的有关来信来访，办理相关人员（含表彰、出国、外调等人员）的政历审查手续。

第七，负责全校人事档案管理和档案转移工作。

第八，办理校领导交办的其他事项。

（8）学生工作处

学生工作处是在校长或主管副校长领导之下，负责学生思想政治教育与学生管理工作的职能机构。在规模较大的高职院校中，学生工作处作为职能部门可进行综合指导，加强宏观管理；在规模较小的高职院校中，学生工作处应直接管理班级。学生工作处的主要任务是根据党的教育方针，努力把学生培育成为关心政治、遵纪守法、热爱专业、勤奋学习、身强体健、积极劳动、尊敬师长、团结友爱、勇于创新、积极进取的建设性人才。其主要职能是：

第一，负责学生思想政治工作、德育及奖惩；负责校风建设，组织学生开展社会实践、勤工俭学和校园文化活动；协助学籍管理部门抓学风建设。

第二，拟定学生管理方面的规章、条例，并对执行情况进行检查督促。

第三，协助和指导系（部）加强学生日常管理，对学生宿舍管理进行指导、检查和监督。

第四，负责毕业生档案的整理、建档和移交，协助招生及毕业生就业办公室做好毕业生教育、就业指导及输送工作。

第五，协助有关部门做好新生接待工作，负责新生教育，组织新生军训。

第六，主持、指导学生会日常工作，对学生社团进行登记、指导、监督与管理。

第七，负责学生大型活动的组织和管理工作。

第八，承担高职国家助学贷款工作领导小组的日常工作。

第九，负责对系（部）学生管理工作进行检查、监督和考核、考评。

第十，负责"心理咨询中心"的建设和管理，开展心理健康辅导或咨询活动。

第十一，办理校领导交办的其他事项。

（9）招生及毕业生就业办公室

招生及毕业生就业办公室主要负责招生和毕业生就业工作，这是高职院校的一个重要的组织机构。其主要职能是：

第一，拟定普通大专招生计划，并办理申报、审批手续。

第二，组织开展生源市场调查、分析，并为校领导决策提供相应对策、建议、信息。

第三，拟定高职对外招生及毕业生推荐就业协议，规范和加强对招生人员的管理。

第四，统一安排招生宣传和新生录取工作，办理新生录取和到校注册手续。

第五，负责高职招生经费的管理和使用。

第六，了解和掌握市场就业形势，及时向毕业生提供就业信息，组织和指导毕业生参加人才市场交流。

第七，负责毕业生的思想教育和就业培训，办理毕业生输送及档案移交手续。

第八，办理校领导交办的其他事项。

（10）总务处（后勤处）

总务处是在校长或主管副校长领导之下管理高职后勤工作的职能机构。其主要任务是创设良好的生活环境，为教学服务，为师生服务。其主要职能是：

第一，根据高职规划要求，拟定校园中长期规划和年度基本建设计划。

第二，负责高职基建工程预算、招（议）标、施工合同的签订及小型基建工程的管理，会同有关部门进行工程验收和决算。

第三，负责高职固定资产的清理、统计、评估和管理及调配。

第四，办理高职物资设备的政府采购事项，负责办公、劳保用品的购置、保管和发放。

第五，对高职下属单位物资设备采购及经批准确定的采购项目实施质量、价格监督与审核。

第六，代表高职对后勤、产业集团的生产、经营和服务实施宏观指导和监督。

第七，负责校园的绿化、美化工作。

第八，负责校园文明建设的综合协调工作和文明创建工作的各项事宜。

第九，办理校领导交办的其他事项。

（11）监察处

监察处是依法对高职（院）的人、财、物进行监督和管理，并检举和调查违法的失职人员的职能机构。其主要职能是：

第一，监督检查各单位及其工作人员贯彻执行国家法律、法规和政策的情况。

第二，协助校领导做好廉政勤政建设工作，纠正和查处行业不正之风及其他不正之风。

第三，受理和调查高职各单位及其有关工作人员违反国家法律法规行为的检举，并调查核实，提出处理意见。

第四，依照党和国家有关政策、法律和法规，保护行政监察对象依法行使职权，受理受行政处分人员的申诉。

第五，依照国家财经法规和制度，对高职及所属单位各项经费的预算执行情况、基建投资、会计凭证、账簿、资金财产和收费标准等实施审计监督。

第六，负责对高职资金的使用，重要设备的购置、管理和使用效益及损坏、报废情况，以及承包经营合同的签订和执行情况进行事前、事中和事后的审计监督。负责高职中层干部的离任审计。

第七，对严重侵占国家和集体财产，或造成国家财产严重损失以及违反财经法规的单位和有关人员，进行专项审计调查。在核准事实的基础上，依照国家有关财经法规和处罚规定，提出处理意见。

第八，办理校领导交办的其他事项。

（12）保卫处

保卫处是负责安全工作和户籍管理工作的重要职能机构。主要职能是：

第一，根据高职工作总体规划，制订治安、安全工作计划并组织实施。

第二，负责起草修订高职工作各项规章制度并组织实施。

第三，指导、协调、督促各部门做好高职内部治安的综合治理工作。

第四，负责对全校教职工进行法制和安全教育工作。

第五，调解处理高职内部治安纠纷，维护教学、生产、生活正常秩序。

第六，及时向公安机关报告校内发生的刑事和治安案件、灾害事故和其他严重危及治安的情况，保护案发现场并积极协助公安机关侦破工作。

第七，做好动态信息工作，防范和及时处置各种不安定事端。

第八，管理在校内居住的暂停人口和流动人口。

第九，负责校卫队和教工、学生值班值宿工作等。

二、高职院校管理体制

高职内部领导体制是高等教育最根本的制度，它统揽高职办学的全局，决定高职的一切活动。它是一项重要的政治制度，与基本国情有着十分密切的关系。

（一）党委领导下的校长负责制的内涵

随着我国政治与经济形势的变化，高职内部领导体制几经变化，先后实施过多种不同的体制，分别是：校务委员会制、校长负责制、党委领导下的校务委员负责制、党委领导下的以校长为首的校务委员会负责制、校"革命委员会"制、党委领导下的校长分工负责制、党委领导下的校长负责制等。

1. 党委领导下的校长负责制中党委的主要职责

党委的职责主要是：执行中国共产党的路线、方针、政策，坚持社会主义办学方向，领导高职的思想政治工作和德育工作，讨论决定高职内部组织机构的设置和内部组织机构负责人的人选，讨论决定高职的改革、发展和基本管理制度等重大事项，保证以培养人才为中心的各项任务的完成。

（1）党委职责

第一，学院党委是党在高职的基层组织。对高职的各项工作实行统一领导，对重大问题和重要事项进行决策，支持校长依法独立负责地行使职权。

第二，学习、宣传和贯彻执行党的路线、方针和政策，坚持社会主义办学方向，依靠全校师生员工推进高职的改革和发展，培养有理想、有道德、有文化、有纪律的社会主义事业的建设者和接班人。

第三，按照从严治党的方针，加强高职党组织的思想、组织、作风建设，发挥党的总支部的政治核心作用、党支部的战斗堡垒作用和党员的先锋模范作用。

第四，听取和审议校长提出的高职建设发展方案、重大改革措施、高职基本建设规划、教师队伍建设规划、高职年度工作计划和工作总结、年度经费预算等。

第五，维护和支持校长对教学、科研、行政管理的统一指挥，及时反馈群众改进高职工作的正确意见及合理建议。

第六，建立健全党委统一领导、党政工团齐抓共管的思想政治工作格局。对高职思想政治工作、德育工作和精神文明建设制订规划和计划以及必要的工作制度。支持校长建立以行政为主实施的德育管理体制。

第七，坚持党管干部的原则，对高职党政干部实行统一管理。按干部管理权限负责干部的选拔、任免、教育、培养、考核和监督。

第八，领导高职工会、共青团、妇委会、学生会等群众组织及教职工代表大会。

第九，做好统一战线工作。对民主党派的高职基层组织实行政治领导，支持他们按照各自的章程开展活动，充分发挥他们在高职改革和发展中的积极作用。

第十，认真落实党和国家关于离退休干部工作的方针和政策，做好离退休干部工作。

第十一，加强党风廉政建设，落实党风廉政建设责任制，建立党委统一领导，党政齐抓共管，纪委组织协调，部门各负其责，依靠群众支持和参与的党风廉政建设工作体制。

第十二，关心群众生活，密切党群关系。

（2）党委书记岗位职责

第一，党委书记是党委一班人的"班长"和高职主要领导人，主持党委全面工作和党委会会议。

第二，团结、带领党委成员和领导班子，全面贯彻党的基本路线、基本纲领和教育方针，坚持社会主义办学方向。

第三，坚持集体决定高职重大问题的制度，坚持少数服从多数的原则，要充分发挥党委集体的作用和智慧。

第四，切实抓好党的建设，经常深入基层，调查研究，总结经验，指导基层党组织围绕高职中心工作开展活动。

第五，坚持民主集中制，抓好领导班子建设。支持校长依法独立地行使职权，协调党政关系和领导班子内部关系。

第六，组织开展和督促检查高职思想政治工作，建立健全党委统一领导、党政工团齐抓共管的思想政治工作格局；支持校长建立以行政为主体的德育工作体系；指导工会、共青团开展工作；做好统战和老干部工作。

第七，坚持任人唯贤，防止和纠正用人上的不正之风，做好高职中层干部的选配、任免、教育和管理工作，选拔和培养年轻后备干部，积极推进人事干部制度改革。

第八，组织安排领导干部的政治理论学习，加强党风廉政建设，落实党风责任制。建立自上而下、党群结合的党风廉政建设体制，抓好领导干部的廉洁自律工作，坚决查处违法违纪案件，纠正部门和行业不正之风。

2. 党委领导下的校长负责制中校长的主要职责

高职院校的校长全面负责高职的教学、科学研究和其他行政管理工作，行使下列职权：

第一，校长是高职行政主要领导人和法人代表，对外代表高职，对内领导、组织、指挥高职教学、科研和行政管理工作，主持校长办公会议或者校务会议（行政例会）。

第二，全心全意依靠广大教职员工办好高职教育，全面贯彻党的基本路线、基本纲领和教育方针，保证教学、科研、行政管理等各项任务的完成。

第三，主持高职行政全面工作。拟定高职发展规划，制订具体规章制度和年度工作计划并组织实施。

第四，领导和管理高职教学活动、科学研究工作，合理地组织安排教学科研人员，保证教学计划、教学大纲和科研计划的完成。经常深入教学、科研工作一线调查研究，提出改进意见，指导和推进高职的教育教学改革。

第五，组织管理和督促检查高职德育工作，搞好校园文化建设，培养良好的校风、教风和学风，净化校园育人环境，积极配合党委建立党委统一领导的、党政工团齐抓共管的思想政治工作格局；建立以行政为主的德育管理体制，引导教职工做好工作；定期向教代会报告工作。

第六，坚持以财政拨款为主，多渠道筹措办学经费，拟定和执行年度经费预算方案，保护和管理财产，维护高职合法权益；改善办学条件和师生员工生活条件；领导和组织高职的审计工作，保证高职正常经济运行和财务秩序。

第七，加强教师队伍建设，培养和引进优秀人才，提高教师队伍整体素质；聘任与解聘教师和内部其他工作人员，对学生进行学籍管理并实施奖励或处分。

第八，负责健全高职行政管理系统。拟定内部组织机构的设置方案，推荐副校长人选，任免内部组织机构行政负责人。

3. 准确把握党委领导下的校长负责制的内涵

第一，党委是高职的领导核心，总揽全局，协调各方，统一领导高职工作，其领导职责主要是把握好方向，抓好大事，出好思路，管好干部。

第二，校长作为高职的法定代表人，在校党委的领导下，积极主动，独立负责，依法行使职权，全面负责高职的教学、科研和行政管理工作。

第三，党委应遵循"不抢事，不推事，做实事，抓大事"的原则，充分尊重并支持校长行使职权，使领导班子中的每一个人都有其明晰的职责范围和充分的行政决定权力，不可包揽具体事务。

第四，校长必须尊重党委对高职行政重大问题和重要事项的决策权，如高职发展目标与规划问题、财务问题、机构设置等重大问题和重要事项，应由行政领导班子负责提出意见和方案，提交党委会集体讨论决策。党委会讨论决定后，由行政领导班子负责组织实施。遇到事关高职稳定和发展大局的问题或棘手的难题时，党政班子成员要同心同德相互支持，主动为其他同志分担工作压力。

第五，党委对高职工作负领导责任、决策责任，校长参加党委的集体领导和决策。高职工作的核心内容在于制定决策、决策的实施、实施过程的监控与信息反馈。如果决策科学、运行高效、监督有力，高职就能处在健康持续的发展状态中。

（二）党委领导下的校长负责制的完善

从我国高职内部管理体制沿革看，我国高职全面实施党委领导下的校长负责制的历史还很短暂，其经验还未来得及认真、全面总结，存在的不足和问题也未及时调整和理顺。这种领导体制的构架是清晰的，而且得到立法肯定，但配套的具体制度还不够健全。随着高等教育法的深入贯彻实施，高职自主办学权不断扩大，高职的职能和办学模式不断发生变化，与外界的关系更为开放、直接，其内部领导者、管理者与被管理者之间的法律关系不断深化，依法理顺领导、负责、管理、服务之间的具体关系，建立健全各项制度势在必行。

1. 实行和健全高职领导班子的工作制度，即集体领导和个人分工负责相结合的制度

高职的重大问题和重要事项由集体讨论决定，对高职日常工作的管理、重要工作思想的提出、重大问题的具体实施由个人分工负责。坚持民主集中制，强调集体领导，发挥集体的经验和智慧，并不意味着降低个人作用，减轻个人的责任。领导班子成员必须在集体领导下按分工切实履行自己的职责，积极负责地工作。需要提交党委会讨论决定的事项，由分工负责的领导组织调查研究后，提出工作思路、计划和方案；党委集体讨论决定后，由分工负责的领导组织实施。高职各项日常工作，由分工负责的领导积极主动、独立负责地处理。

2. 建立和健全民主科学决策机制，即领导、专家、群众相结合的决策机制

坚持和完善党委领导下的校长负责制，除了党政一班人要民主集中、分工合理、精诚团结、共同奋斗外，还必须紧紧依靠高职各级党组织和广大师生员工，共同把高职的事情办好。特别是重大问题和重要事项的决策，要形成深入了解民情、充分反映民意、广泛集中民智的决策机制；要增加重大问题和重要事项决策的透明度，充分发挥专家在办学条件建设、队伍建设和高职管理等重大事项中的"智囊团"作用，引导好、保护好和发挥好他们参与高职管理的积极性，保证他们参与决策的渠道畅通；必须做到重大问题和重要事项没有进行专家论证不决策，没有充分听取群众意见不决策。

3. 健全和规范会议议事制度

会议制度是否合理和规范，不仅影响到议事决策的时机和效率，也直接或间接地影响到领导班子的团结，影响到党委领导下的校长负责制的实施。高职应从职能定位、出席范围、议事规则等各方面进行明确的原则规定，为高职形成健康有序的会议格局创造条件。

4. 建立和完善重大问题决策制度

实行党委领导下的校长负责制，对重大问题和重要事项的决策是一个很敏感的核心问题，应明确规定重大问题和重要事项的具体内容，规范重大问题和重要事项的决策程序。

5. 健全监督检查及责任追究制度

应加强对党政领导班子成员执行各项制度和程序、履行工作职责、执行党委决议等情况的监督，并作为对高职领导班子和干部业绩评定、奖励惩处、选拔任用的重要依据。

6. 健全民主生活会制度

民主生活会制度对于高职领导班子贯彻民主集中制，具有十分重要的作用，通过民主生活会，党委领导下的校长负责制可以在实践中进一步完善。

第三章　高职教育教学文化策略

第一节　高职教育教学文化的特征

一、高职教育教学文化的内涵

（一）高职教育教学文化的概念

文化是引领、推动社会发展的一支重要力量，它一方面得到几代师生的普遍认同和遵循，另一方面它是高职长期办学特色、理念和精神的象征。教学文化是高职在长期教学活动中形成的，具有历史延续性与现实再生产性的精神样态。高职教育作为高等教育的重要组成部分，在高素质技术技能型人才培养方面发挥着核心效能，而高职院校的教学文化建设水平直接关系着人才培养的质量。

一直以来，国内对教学文化的研究主要是课堂上教与学过程中所包含的文化形态。教学文化是教学生活过程及与之有机融为一体的教学生态环境的整体。建立在"工学结合"的人才培养模式基础上的高职教学文化，外延已超出了课堂上教与学的范围。由于教学模式的变革，高职教育教学文化的内容和内涵也有别于传统高职，所以高职教育教学文化建设需要在职业教育教学理论和实践的指导上，形成并完善自己的理论体系，从而更好地指导教学文化建设的实践。而作为培养高素质技术技能型职业人才的高职教育，其有别于普通的教学内容和形式，自然也就使得其教学文化具有其鲜明的特征。

高职教育教学文化在一定程度上融入了企业文化的特色，突出高职教育学生在学习和成长过程中对未来职业发展目标、职业道德、职业能力、职业信念、职业发展等一系列问题的思考与实践。高职教育人才培养模式不同于普通高等教育，学生的企业顶岗锻炼是培养中的必要环节，学生通常要在企业顶岗实习较长一段时间，要有更多的时间接受企业兼职教师的熏陶，这必然使得学生在潜移默化中融入了企业的文化轨迹。因此，高职教育教学文化的概念由于其主体是高职教育，载体为高职教育教学，高职教育教学文化则既包含了高职文化、高职教学文化的基本内涵，又融入了企业文化的基本理念，这是高职教育办学理念的体现。高职文化与企业文化两种不同的文化，通过高职院校这一主体的吸纳、发展和演化逐渐形成了有自身特色的高职院校文化，成为个体由学生角色快速转换为员工角色的重要助推力量，这也为学生适应职业岗位提供了强大的精神保障。根据这个概念以及高职教育办学的自身规律，高职教育教学文化有着非常丰富的内涵，它是高职教育在培养服务区域发展需要的高素质技术技能型人才过程中所形成的，为高职教育师生认同和共享、社会和企业认可的教学观念、知识、规范和与之相适应的运行方式与物质形态的总和，是高职教育教学实践在文化与观念层面的客观反映。

（二）高职教育教学文化的内容

按照"教学文化是教学生活过程及与之有机融为一体的教学生态环境的整体"的观点，教学文化内容应该主要包括两个大的方面：一是课程蕴含的文化及课程实施过程中课堂表现出的师生主客体关系所蕴含的文化；二是与课程及其实施融为一体的教学生态环境所蕴含的文化。其中教学生态环境又包括两个方面，即显性条件和隐性条件。显性条件包括专业建设中除课程以外的其他要素，如教学团队文化、教学条件（环境）文化、教学制度文化等；隐性条件包括教学观念、教学信仰、教学风俗等方面的文化。而从内容类别上看，高职教育教学文化的内容主要体现在专业文化、课程文化、活动文化、教师文化等维度，教学文化建设的目标，就是要建设与生产一线需要的高素质技术技能型人才培养目标相适应的教学生态环境，其中教师文化是要点，专业文化是核心，课程文化是基础，活动文化是载体，四者之间相互独立又相互关联，构成了高职教育教学文化内容体系的支柱。

1. 专业：高职教育教学文化之核

高职教育在培养人的过程中，不但要传授专业知识和技能，更重要的是要形成一种文化品质，养成职业精神，这就涉及专业文化的培育问题。专业建设作为高职教育内涵建设的重要单元、提高教育质量的重要平台，在高职教育中具有重要的作用。而所谓专业文化，是指全体专业学习人员所共享的，对应于相应的职业生活的价值观和行为习惯的总和。专业文化作为教学文化体系的核心，加强其建设，有利于刺激学生对专业技能的学习。而浓厚的专业文化氛围可陶冶学生的职业情操，熏陶学生的职业理想，端正学生的职业观念，培养学生的职业习惯。专业文化主要体现在职业性、行业性、多样性等几个方面。

（1）职业性

以学科教育为主的普通高等教育，系统的科学理论知识是实现育人的重要载体，侧重于科学理论的文化是专业文化的主流文化。而以职业技能掌握和应用为主的高职教育，职业技能是实现育人的重要载体，职业文化则成为专业文化的主流文化。高职教育专业文化的功能突出体现在对专业教师和学生行为的制约和规范，在对异质文化的吸纳和整合过程中融入职业要素，渗透着职业的特质。

（2）行业性

高职教育适应社会需求的办学定位，决定其具有明显的服务性。为了提高服务的针对性，高职教育需要通过设置相应的专业或专业群，为某个行业提供人才培养、员工培训和技术研发的服务。不同行业拥有自己的行业文化。因此，要培养"适销对路"的高素质技术技能型人才，就必须使高职的专业文化具有行业文化所需要的特质。

（3）多样性

高职教育的专业设置是与职业岗位或岗位群对接的，专业口径相对狭小，而高职为了提高专业设置的针对性，必须设置名目繁多的专业。尤其是一些综合性地区高职教育，专业的数量更加多样。因此，高职教育专业文化的多样性更为突出，从而使高职教育各专业以职业性格为标志的个性文化成为一种普遍而独特的文化风景。

高职教育的发展定位、人才培养、课程设置与教学质量评价等均与产业经济、行业发展密切相关，并直接体现出市场提出的最根本现实教育需求，即培养出具有中高级技术、技能的高素质"职业人才"，以达到既能适应和配合产业结构的调整与升级，又能主动引导社会经济未来发展方向的最终目的。从这个角度来看，高职教育的整体发展与产业、行业、企业、职业有着唇齿相依的关系，凸显了专业文化的关键地位和重要作用。作为高职专业的内核，专业文化是制约高职教育现代化水平的生命线，也是影响高职学生健全发展、教师可持续性专业化发展以及提高高职社会地位的重要保障。良好的专业文化能够打造一支高质量高水平的师资队伍，并潜移默化地增进学生对该专业的自觉认同与操作遵守，不仅能够提高其市场竞争力和适应能力，还有利于提升企业、行业对该专业毕业生质量的认可，为高职教育现代化的高水平发展赢得广泛的社会支持。

2. 课程：高职教育教学文化之基

作为文化形式之一的高职课程文化必然要反映人们在生产和生活实践中创造的文化，因为文化是人类创造的。人的文化是为了满足人的需要而创造的，人类文化发展的标准的基础是满足机体需要的程度，因此，高职课程文化发展的标准可以表述为人类正确有效地认识和影响它的生存环境的能力，也就是人类认识自然和改造自然的能力。技术用于改造世界，高职教育以培养高素质技术技能型人才为目标，换句话说这种能力就以改造自然的职业技能为主。高职课程文化是为培养社会个体而创造的一种特殊的规范文化。课程文化实践作为一个开放的系统，在实践过程中要因实际情况的变化而采取应变性行为。高职教育课程文化不仅有着文化的共性，也有着自己的个性。课程文化要随区域文化、产业文化、行业文化、企业文化的发展而变化，这是现代职业教育的客观要求。而高职教育课程和普通高等教育课程非本质的区别在于，对知识技能的组织以及因所选择的知识技能的不同而采取不同的教学方法。

在过程上，课程都是教师或学生对该理论化、结构化和系统化的文化的讲授、学习、研究和创新的过程。高职教育专业课程与普通高等教育的学科课程相比，具有明显的工作过程导向或行动导向的特征，教学过程强调工学结合的实践性、开放性和职业性。高职教育课程与企业文化具有天然的联系。它强调职业教育课程与职业资格的衔接、与职业岗位的对应并推行"双证书"制度。这可以理解为是高职教育课程文化的个性。课程本身是文化，也是文化的实践。高等职业教育课程与普通高等教育课程相比具有职业定向性、区域适应性、行业参与性、费用昂贵性等显著特征。虽然不能把高职教育课程的特征理解为高职课程文化的个特，但是任何课程在内容上都是其所处时代的一定文化精华的理论化、结构化和系统化的体系，其目的是研究、保存和传承一定时代的文化。

3. 活动：高职教育教学文化之体

文化的存在赋予生命以价值与意义。在高职教育文化中，活动文化作为一种文化形式，具有区别于物质文化、制度文化、精神文化和仪式文化等的独特优势，是高职教育文化活动的文化表征，也是高职教育文化建设的重要内容。对高职教育而言，活动文化具有丰富的内涵。活动文化是指高职有目的、有计划、有步骤地组织学生参加具有育人功能的思想政治、学术科技、文娱体育、社会实践等活动体现出的一种精神氛围，旨在把德育、智育、体育、美育文化思想和理念渗透到活动之中，使学生在活动氛围中提高思想素养，形成正确的世界观、人生观、价值观与优秀的人文素质，并增强其实践经验，推动自身的全面发展。活动文化的内涵有广义和狭义之分。广义的活动文化泛指发生于校园内外的有学生参与的各种类型、各种层次和各种形态的活动所体现的文化意义、氛围和特征等的总称。狭义的活动文化一般特指常规教育教学活动以外的对于培养学生思想道德素质、锻炼学生社会实践能力和提高学生身体健康水平等方面有益的校园文化活动所体现出的文化意蕴与表征。高职教育进行活动文化建设，开展校园文化活动，要立足高职教育定位，始终以育人为宗旨，发挥高职教育服务的过程中，不变的是对于活动文化深层内涵的把握和贯彻，多变的是对于活动文化内容与形式的创新，从而在不断的探索与实践之中实现活动文化建设内涵品质的提升与超越。

4. 教师：高职教育教学文化之要

高职教育具有高等教育和职业教育的双重属性，这决定了高职教育教师的跨界特质，也决定了高职教育教师文化特质具有自身特征。高职教育教师文化特质的独特性主要体现在实践、反思、服务等几个方面。

（1）实践：育人与授技

教育活动由众多复杂的实践行为构成，在其内部形成了错综复杂的关系，在其外部构成了彼此羁绊的形式多样的联系。教师是教育活动的实践主体，故教师文化同样具有实践性。在实践活动中，教师职业的实践性在于以"人"去影响"人"，是一种双向度的培养人的行为。因此，实践是教师文化特质范畴的重要内容，并且这种实践与高职课堂教育教学紧密相连，可简述为育人的实践。

高职教育教师文化特质的实践性，既要体现教师职业共有的高职育人实践，还要体现行业企业的工作实践。后者是为了更好地传授学生技术与技能，帮助学生获得谋生的手段。

（2）反思：课堂教学与企业生产

反思是个体心灵通过对自身活动及活动方式的反省，是产生内在经验与知识的重要途径，是一种个体的、以自我为中心的学习过程。美国心理学家波斯纳提出了教师成长的公式，即成长＝经验＋反思，充分表明了反思对教师职业的重要性。教师反思通常指教师以提高自身教育教学效能和素养为目的，对教育教学实践中的自我行为表现及其依据进行解析和修正。因此，作为高职教育的教师，一方面，要反思课堂，反思行业企业生产活动；另一方面，要反思自身的教育教学实践活动，同时反思自身专业技术在行业企业的实践应用，促进自身专业技能发展，确保专业技术与企业生产技术同步发展，甚至超越企业生产技术发展。

（3）服务：学生成长与经济发展

在高职教育教育教学过程中，教师不仅仅是教育者、研究者，更是服务者。首先，作为教育者要为学生成长成才提供服务。一是专业技术技能培养服务，具体包括帮助学生完善专业知识结构，提高专业技术技能，旨在让学生的智力和实践能力得到充分发展；二是人生成长指导服务。高职教育教师应该强化学生的自信心和自尊心，在生活上给予关怀，在学习上给予帮助，对学生未来职业生涯进行指导，使得学生树立科学的人生观和职业观，旨在促进学生身心健康发展以及找到合理的职业发展方向。其次，作为研究者要为区域经济发展服务。职业教育与经济社会发展关系密切，市场经济体制下的职业教育在本质上具有服务性，社会经济形势的变化是引导职业教育变化的基础。因此，高职教育教师要主动服务区域经济发展，积极开展技术研发、新产品设计与开发、技术成果转化、项目策划等"立地式"研发服务，做到两个立足：一是立足区域，为区域经济服务，满足区域的技术创新、技术开发需求；二是立足于应用研究和开发服务，坚持为区域行业企业解决实际难题。当然，作为教育者的服务者和作为研究者的服务者之间并不矛盾，后者是为了更好地服务前者。

（三）高职教育教学文化的功能

当前，高职教育在"坚持以立德树人为根本，以服务发展为宗旨，以促进就业为导向"思想的指导下，不断加强教育教学改革，形成与社会经济发展联系紧密的教学文化，而教学文化作为高职教育内涵建设和品牌发展的重要内容，在育人实践过程中发挥着关键作用，特别是价值取向、观念整合、文化渗透、精神激励等方面。

1. 价值功能

树立正确的职业价值观是社会对高职教育教学运行与教学管理的期望、追求与导向的反映，高职教育教学价值观的根本，就是适应技术进步和生产方式变革以及社会公共服务的需要，深化体制机制改革，统筹发挥好政府和市场的作用，加快现代职业教育体系建设，深化产教融合、校企合作，培养数以亿计的高素质劳动者和技术技能人才。教育的价值取向影响和制约教育的实践活动，左右着人们对教育的态度和行为。人们对高职教育的认识是随着办学实践的不断深入而逐渐深化，职业教育取向就是在这一实践探索过程中形成的。高职教育既有高等教育的属性，又有职业性的属性，因此职业教育的价值取向绝不能是单向的，它一定是多维的，不仅要注重学生职业技能培养，还需要关注学生职业素质教育和职业精神养成。高职教育的目标是培养符合职业标准的高素质技能型人才，从而传承技术技能，促进就业创业，为建设人力资源强国和创新型国家提供人才支撑。因此，人才培养是高职教育的安身立命之本，帮助学生个体社会化，促进学生身心健康发展和学生的可持续发展，培养学生的职业认同，提升学生职业生涯与社会的融入度是高职教育重要的历史使命。教学文化通过课堂教学、实习实训等途径引导学生树立符合经济社会发展的职业价值观，形成匹配的职业认知，为学生走向社会从事工作奠定基础。故高职教育绝不能关门办学，教学目标的制订和整个教学过程的实施都要在这个方向的引导下，并把握社会生产与产业发展的最新动态，有效地将区域社会发展需求融入教学运行与管理之中。

2. 整合功能

文化从整体上来说，都是整合为一体的，有着整体性的特点，作为教学文化来说，这一点表现得尤为突出。这是因为教学文化有着明确的价值取向和目的要求，它是以课堂教学形成的内化了的观念为核心，以预定的目标为动力，通过一系列活动形成的多层面、多类型的文化。它明确地拒绝违反预定价值规范的思想和行为，而对符合者则给予褒扬，从而使得教学中的文化及其成果大多是在一定价值取向影响下完成的这种整合。一般通过三种方式来完成，首先是教师的要求，其次是其他学生的监督和要求，最后是教学过程中长期积累下来的各种规章制度、规范等的要求。职业教育就是整合教育，整合是职业教育的本质规律和存在方式，职业教育的一切存在都是整合的产物并体现着整合的精神和本质。可见，高职教育的教学目标、教学模式和办学方针等是整合的，甚至现代职教体系强调的"服务需求、开发融合、有机衔接、多元立交"四个着力点也是整合的。高职文化是一种整合性较强的文化，因为高职有着明确的价值取向和目的要求，它是以高职内部形成的内化了的观念为核心，以预定的目标为动力，通过一系列活动形成的多层次、多类型的文化。当前，我国职业教育改革也已进入"深水区"，高职教育教学改革与发展需要深刻的整合的力量。教学是高职教育的中心任务，高职教育教学文化的发展与创新必将成为推动高职教育建设与发展的整合的动力。

3. 渗透功能

文化无处不在，它无形地存在于人的一切活动之中，成为影响人、制约人、左右人行为方式的深层的机理性的东西。人创造了文化，文化又反过来制约人的行为，生存在这种文化模式中的人必须使自己的思维方式以及行为方式符合该文化模式的要求。教学文化的渗透性主要体现在以下几个方面：首先，课堂作为社会系统的子系统或组织，其在教学中会潜移默化地使学生接受社会的价值，并使其成为学生固有的品质和个性的一部分；其次，知识作为社会组织的产物，教学内容总是带有意识形态方面的特点，高职并不是一个观念开放的市场，而总是会选择特定种类的知识，并把它们组织进教学之中，课堂教学成为渗透主流观念文化的重要渠道；再次，课堂教学对于学生的道德成长、价值感和自尊感等的培养具有重要作用。高职教育教学运行与教学改革不是一种价值中立或价值无涉的纯技术和心理的活动，而是一种价值负载的活动。价值作为文化的核心，从本质上说是社会群体利益的反映。高职教育教学文化是在教学实践中创造的，其价值不仅要体现现代职业教育发展的目标追求，更要反映社会和企业对高职教育人才的需求，承载着社会与集体意识的价值思想。在教学运行过程中，社会和企业的价值观念潜移默化地渗透到教学实践中，形成教学的核心价值观，这是高职教育教学文化的核心。经历实践的创造，高职教育办学中将技术文化要素和企业文化内容深度融合到教学文化中。高职教育通过对接优秀的产业升级精神，打造具有自身特色并带有产业色彩的高职精神，从而提升高职品位，形成自身竞争力，这就是教学文化的价值渗透功能在实践中的体现。

4. 激励功能

文化因其强大的凝聚力、渗透力、驱动力、辐射力、教化力而成为高职软实力的核心。教学文化是高职教育在长期教学实践中形成的并为广大师生认同和共享的教学观念及其物质形态的总和，它是广大师生员工教学理想、信念和价值的精神基础，是全校师生价值观的综合反映。当高职教学文化演化到一个团体的共同的体验核心，以及建立起关于何谓正确的共享的背景时，就成了一个组织的财富，拥有非常巨大的意义和认知控制力量。良好的高职教学文化能够在促使师生认同不同专业的价值、信条、意义的同时，进一步形成健康向上的专业氛围，产生内在激励，激发师生对专业发展的奉献精神，以及对专业建设与高职教育共同发展目标的建立与实现。教学文化作为一种精神力量，它在个体发展中起着重要作用，不仅能够激励教师参与企业锻炼、进修学习等提升专业能力，还可激励学生加强专业知识、专业技能及职业素养等的提升，在无形中不断促进主体发展，并进一步增强教学文化的凝聚力，进而激励该文化中的所有人。因此，高职教育教学文化同样能够凝聚和激励人心。

二、高职教育教学文化的特征

（一）教学文化的基本特征

教学文化的本质折射出教学文化的特征，根据哲学本质观的要义，人们认识到事物的本质是建构生成的、多元的和主客观统一的，本质不仅是客观现象间的必然联系，而且是本体及其规律、主体及其价值观之间的必然联系。在哲学范畴，本质是相对于现象而言的，主要是指通过实证可感知的资料或概念逻辑的辨析获得实物表现下的抽象的规律性认识。《辞海》界定为："本质是事物的内部联系。它由事物的内在矛盾构成，是事物的比较深刻的一贯的和稳定的方面，本质从整体上规定事物的性能和发展方向。"《现代汉语词典》界定为"本质是事物本身所固有的，决定事物性质、面貌和发展的根本属性。"提炼概括后，本质是事物的根本性质，是事物本身所固有的、普遍的、相对稳定的内部联系。因此，从建构生成的本质观审视教学文化，其本质是以教学思想、教学价值观、教学信念和教学行为等为核心的教学生活方式，是教学主体与教学生活的文化融合的过程，是师生集体文化建构过程与建构结果的统一，是一种基于教学环境和教学文本。这种教学文化本质具有三个方面质的规定性：

首先，教学文化是教学主体交往互动的生活方式。教学要回归生活，回归实践，离不开教师和学生的相互理解。师生之间在人生理想、价值追求、文化心理、思维方式、情感态度、行为模式等方面存在较大的差异，但教学文化是师生之间相互作用、双向建构的有机系统，这需要教师与学生交往互动、对话沟通、达成共识，使教师与学生在教学生活中实现文化的融合，以保持系统的稳定和正常运作。教学文化本质上规定着教学主体必须在和谐的教学氛围下，以民主平等、彼此尊重、相互理解为准则，通过对话沟通等交往行动积极地建构师生的教学生活，形成优质的教学文化，真正使教学文化作为师生集体文化的本质得以彰显，使师生集体创造出来的主体价值观得以广泛地弘扬。

其次，教学文化是师生集体文化生成过程与生成结果的统一。教学文化的本质具有建构生成的特点，这就决定了它是师生集体文化生成过程和生成结果的辩证统一。教学文化始终是教学存在的基本形态，教学的存在首先表现为一个人为的、文化的存在，表现为教学既是生成的又是处于过程之中，既是活动的存在，又是关系的存在，所以，作为在教学中生成与发展着的教学文化，毫无疑问应该是文化生成和生成结果的辩证统一及其相互转化。教学文化的生成结果和生成过程可以相互转化，任何一次教学文化的生成过程都以既有的教学文化成果为基础。教学文化的生成过程又始终伴随着教学文化生成结果，所以师生交往互动建构的生活方式本身就是教学文化生成过程与生成结果的相互转化的过程。教学文化持续地生成与转化的动力机制是已有的教学文化与现实的教学需要之间的矛盾冲突，解决这种矛盾冲突就成了教学文化生成过程与生成结果相互转化的动力机制。

再次，教学文化是精神文化、活动文化、关系文化的统一体。教学文化本质上是一种精神文化，其核心是教学思想、教学价值观和教学信念。这三者之间相互关联，相互制约，逐层深化，都以教学行为为表征，教学思想经过主体的教学经验的筛选，结合主体自身的教学风格凝聚成教学价值观，这种教学价值观经过教学实践的锤炼，形成教学主体坚定的教学信念，并通过教学主体的教学行为来呈现，成为实然的教学文化。这种实然的教学文化又深刻地体现教学文化是一种活动文化。教学活动是教学文化的体现，它是客观的、动态的实践文化，教学文化也始终内蕴于教学活动，教学中教师教的文化与学生学的文化交织在一起，交互建构，多元沟通，共同创造，新的教学文化不断生成。教学文化总是与师生的教学活动紧密联系，师生的教与学的目标的确定、教学的交流对话、教学步骤的调整与推进、教学结果的评价与反馈等都属于课堂教学的集体文化生活方式。

当代教学文化的本质规定性不但决定了其终极目标是持续地形成与时代精神和社会需求相一致的完满的人，能追求人生意义和超越自我的人，关心"我与你"潜能与价值实现的人，而且也决定了教学文化具有规范稳定性、实践指导性、情境渗透性和发展创生性的特征。

1. 教学文化的规范稳定性

教学文化一经形成就会成为一种稳定的、持续的教学规范，自发地或自觉地规定着教师教的行为和学生学的行为，潜移默化地影响着师生的生活方式。例如，素质教育提倡的合作型教学文化主张师师合作、师生对话、生生交往，组成教与学的共同体，彼此分享教学智慧和成果，合作探究教学难题，共享成功的欢乐和喜悦。这种合作型教学文化规范着师生在价值理性的引导下共同追求自我实现的目标，追求教学主体的精神与实践的解放。可见，教学文化能够持续地规范师生的教学行为，而且教学文化具有相对稳定性，这也说明了为什么教学改革往往步履维艰，根源在于教学文化的形成需要长期的过程，它的稳定性决定了教学思想、教学价值观、教学信念和教学行为的变革不可能一蹴而就。

2. 教学文化的实践指导性

教学文化是在教学实践中生成的，它既来源于教学实践，又指导教学实践。不同的教学文化类型有不同的教学实践与之呼应，教学文化指导着师生的教学行为并决定着师生生活方式以何种形态呈现。教学文化包容了丰富的内容和意义，它能否被学生选择、加工和内化，直接关系到教学的有效程度和学生认知水平的提高。教学文化不可能脱离教学实践而存在，教学实践也无法逃避教学文化的指导，教学文化的实践指导性是通过教学交往体现的，教学交往是一种人与人之间的相互作用，但它主要是以人类已有的认识成果为中介而进行的教师与学生、学生与学生间的现实的相互作用。教学交往是伴随着教学认识活动而展开的自觉的、高水平的交往。正是教学交往机制使教学文化得以统摄教师的教学理念，规约学生。

3. 教学文化的情境渗透性

教学文化有助于创设情境，营造特殊的精神环境和心理环境，而且它具有弥散性，能有机地渗透于教学过程，决定师生的生活方式。富于诗情画意、优美典雅、活泼圆润的教学文化能够给师生带来轻松、愉快的教学氛围，能够渗透到师生交往互动的生活世界，从而能潜移默化地影响着师生的气质、情感、情操、性格、意志、信念，能陶冶师生的美好心灵，使师生产生畅悦的美感。只有师生在良性教学文化的情境中陶冶了高尚的情操，激发了浓郁的学习兴趣，开发了创造的潜能，净化了灵动的心灵，提升了道德品质，师生才能获得教与学的快乐和幸福，才能获得情感共鸣，生成高峰体验，达到教学中主客体融合、物我两忘的境界。

4. 教学文化的发展创生性

教学文化是个有机的生态系统，系统不断地与外部交换信息、能量和资源，系统内部也不断地调整、改革与创生，这样才能维持教学文化系统的生态平衡。可见，教学文化既是一个内外部相互作用的、活动的、发展的系统，又是一个内部"自我组织、自我适应的有生命的系统"。教学文化系统会随着社会环境的变迁、文化的沿革、教学实践的深化不断地发展创造，不断地抛弃那些与教学现实不适宜的成分，也不断地吸收与借鉴先进的理论与经验。它会在教学主体的文化自觉意识的精神统领下消弭自身与教学实践的差距，更现实地贴近师生的教学生活，更真切地为教学打造一个充满教学机制、教学美感、教学伦理和教学艺术的文化境界。教学文化系统内部的平衡也将随着教学实践的发展和师生知识与意义的建构而不断地被打破，它吐故纳新，生成新型的教学文化。

　　总之，当代教学文化在本质上是以教学思想、教学价值观、教学信念和教学行为等为核心的教学生活方式，是教学主体与教学生活的文化融合的过程，是师生集体文化建构过程与建构结果的统一，也是一种基于教学环境和教学文本，通过师生教学交往而生成的精神文化、活动文化和关系文化。它具有规范稳定性、实践指导性、情境渗透性和发展创生性的特点。明晰这些本质与特征，有利于教学文化健康而持续地发展，有利于提高教学品质，也有利于师生反省与改善教学生活，促进教学文化在课堂实践中走向自觉与超越。

　　（二）高职教育教学文化的特征

　　现代高职教育作为高等教育的一个类型，经过多年的发展，其教学文化在形成与积淀过程中，既呈现出作为一个一般教学文化形态所具有的"规范稳定性、实践指导性、情境渗透性和发展创生性"等普遍性特征，又具有一些特殊表征，诸如创生性、人本性、实用性、职业性、实践性等。

　　1. 理念诉求的人本性

　　高职教育不是一般职业培训的纯功利性教育活动，而是以"人的全面发展"为观照的教育，有别于纯功利性的职业培训，是"育人"，而非"制器"。教育是去引导，不是去左右；教育是影响，不是去支配；教育是感染，不是去教训；教育是解放，不是去控制。高职教育是以学生为本，充满人文关怀，有人性温度的教育。既要让学生通过职业技能的熟练掌握，获得一技之长，又要让学生通过职业素质的培育，职业精神的熏陶，职业操守的养成，获得有尊严的工作和生活，达到"行有余力，则以学文"的境界，这或许应该是高职教学文化最为深刻的价值指向和最为根本的生成之道。在工学结合模式的教学中，学生不仅要进行操作技能的训练，还要获得心智技能的训练；不仅注重经验层面的能力培养，还将其上升到策略层面；不仅能获得专业能力，还可获得方法能力、社会能力等；不仅注重职业技能训练，还重视职业素质的培养。借助有效的课程载体，对职业素质的培养通过"课堂主渠道"的教育教学得以实现，使学生在掌握职业技能、考取职业资格、形成职业能力的同时，为终身学习和可持续性发展奠定基础。而从加德纳多元智能理论出发，工学结合模式及其教学从职业岗位分析的角度，注重技能的培养而不是针对学科体系的学习，在满足社会需求的同时重视人的个性需求和发展。与传统的用一纸成绩衡量、评价学生的方式相比，高职院校要更加强调以人为本的整体性评价观，倡导多元智能的人才观考核评价方式更加多元化，如考核内容分为专业能力考核、方法能力考核和社会能力考核等，包括对学习过程各环节、学习方法、工作方法、团结协作精神、劳动纪律、工作态度等方面的考核，更全面衡量和评价学生。

2. 价值追求的实用性

高职教育教学文化的实用性特征源于高职教育实用性教学理论，实用性教学理论是一种典型的"目的——手段"式结构。教学是一种有目的、有计划、有步骤的活动，教学目的一般是在教学过程之前就已经建立，在教学目的的指导下，教学活动得以系统开展，教学活动必须服从或服务于已预定的教学目的。高职教育教学中注重知识技能的使用价值，培养学生适应社会生产就业能力，强调操作技能的专业，不拒绝知识的碎片化，但注重知识技能解决实际问题的功效。技能是高职学生发展的坚强依托。"中国制造 2025"、工业强国梦想的实现需大批"大国工匠"之类的高素质技能型人才。高职教育作为高素质技能型人才培养的主阵地，要在学生当中大力宣传"劳动光荣、技能宝贵、创造伟大"的思想，在专业知识讲授中增加技术能手等重要内容，深入揭示专业的价值理念和文化底蕴。加强工业中心、实验室、实训室等场所的职场化建设。体现专业特色，深具文化意蕴的职业素养、工作规范与标准等职场文化元素上墙，培养学生具有相关的行业（企业）人文素质、思维方式和职业规范。举办内容丰富、形式活泼的科技文化节，完善学生技能大赛竞赛体系，选拔优秀选手参加省赛、国赛，大力表彰获奖选手，设立师生作品实物展示区，展示广大师生优秀原创作品，营造技能宝贵的文化氛围。高职教育在这种符合社会发展需要的教学目的维系下，坚持实用性原则，在培养对象、招生人数、高职布局、专业种类、课程计划、评估标准以及实际教学过程与方法方面，以适应区域经济社会发展需要为基础，高职教育教学活动必须紧紧围绕这个原则，否则任何形式的教学与课程的改革、人才培养方案的制订都无实际价值可言，将会被社会和个人所排斥。

3. 内容取向的职业性

高职教育的教学是以培养学生综合职业能力为目的的，在高职教育人才培养过程中教学的职业性在各个环节有所体现。贯彻高职教育"以服务为宗旨，以就业为导向"的办学方针，在高职教育的专业教学中体现出职业的工作过程特征，体现职业资格标准要求。高职教育的培养目标与功能要始终体现这双重属性，要注重培养学生职业技能、职业素质，强调形成集人文素养、职业精神、职业技能于一体的育人文化，要求加强文化素质教育，改变培养过程的"见物不见人""重技能轻人文"的工具理性偏向，把技能培养、知识获得与品德修养、人性涵养紧密地结合在教育教学之中，既教书，又育人。通过课程开设、社会实践等把人文素养和职业素质教育纳入人才培养方案的要求落地生根，深入挖掘专业课程中的文化要素和人文精神，促进职业技能培养与职业精神养成、文化育人与专业教学活动的有机融合。无论是学习领域的开发，还是学习情境的设计，都来源于真实职业岗位的工作任务；无论是教学内容中产业、行业、企业、职业、实践等要素的融入，还是"职业能力培养"的教学目标，无不与"职业"密切相关。高职教育的专业设置要以职业或职业岗位群为依据，在校期间要培养学生毕业后主要职业岗位能力，知识、能力、态度要针对学生未来职业的发展需要而设计，要着力培养学生相关职业兴趣和职业道德。职业性是高职教育教学文化的主要特征之一，也是高职教育教学的功能与价值的重要体现。高职教育教学的实施，必须以职业岗位群的需要为依据制订教学计划，在进行职业能力分析的基础上，构建学生知识、能力、素质结构，且职业知识和职业能力的提高，主要着眼于产业结构和产品结构的调整，通过不断更新教学内容，调整课程结构，培养学生掌握新设备、新技术的能力，使毕业生具有上手快、适应性强等职业特点。

4. 参与主体的多元性

在《国务院关于大力推进职业教育改革与发展的决定》中提出，要建立并逐步完善在国务院领导下，分级管理、地方为主、政府统筹、社会参与的管理体制；要形成政府主导，依靠企业、充分发挥行业作用、社会力量积极参与的多元办学格局。高职教育对社会环境的依存性增强了，高职教育只有吸纳全社会的力量才能办好，要求其办学必须是开放、灵活、多元的。由于高职教育培养的人才主要是服务区域经济社会发展的，地方是高职教育的办学主体和利益主体，高职教育教学必然会融合地域文化的特色。根据《国务院关于加快发展现代职业教育的决定》，高职教育培养服务区域发展的技术技能人才，重点服务企业特别是中小微企业的技术研发和产品升级，加强社区教育和终身学习服务。因此，高职教育教学要体现地方文化特色的同时，还要强化校企协同育人，尊重与吸纳企业价值观和企业文化。高职教育教学要尊重并把握住企业的文化，通过企业技术能手和专家进高职、高职学生进企业实践相结合，实现高职教学文化与企业文化的有效融合，增强学生的职业能力。高职教育教师既要有面向教育的学术阐发、理论创新能力，又要有面向产业和企业的技术应用、工程实践能力；既是教师，又是工程师。高职教育要在制度设计、政策安排、配套支持上为教师上述能力的获得提供组织上的保障和帮助，大力支持和鼓励教师积极深入企业实践，参与企业新技术的改造、新产品的研发、流程的再造等，不断提高工程实践能力。高职在教学改革、课程设置、教材开发、实训实习等各个教学环节要充分吸纳行业、企业的意见，实现人才共育、过程共管、成果共享、责任共担，充分体现企业的重要主体作用。不能把高职教育办成只是高职院校的教育。

5. 方式选择的实践性

实践是高职学生成长的重要基石。在人才培养目标导向上要突出学生实践精神的培育，在人才培养模式的改革上要突出学生实践能力的培养，在教学内容安排上要加大学生实践的力度，在教学方法的设计上要注重学生实践技能的获得。加大实践教学的力度，不断推进项目导向、基于工作过程、案例推演、角色扮演以及教学与实训融合的教育教学活动，增强专业教学的职业性。无论是校企合作办学模式的确立，还是工学结合人才培养模式的实施，其目的均为提高人才培养质量，突出学生的实践能力培养。要将实践精神体现在高职教育教学活动的各个环节中，从课程开发到教学实施，从实训教学和顶岗实习到强调教师的实践经历，从实训基地的建设到教学制度的改革，都要围绕"实践"进行。故实践性不仅是高职教育教学文化的本质特征，也是高职教育教学文化形成的基础。高职教育教学文化的实践性特征是由高职教育培养目标和教学特点决定的。20 世纪90 年代末，第一次全国高职教学工作会议提出的高职高专的培养目标，突出了学生的实践能力的培养，高职教育要达成这样的目标，需要通过实践教学的实施来实现。实践教学是在企业、实验室、社会等场所完成的，通过学生亲身实践，将感性认识上升为理性认识，使学生将知识、技能与技巧融为一体，将已有知识转化为认识世界、改造世界的能力。与普通高等教育不同，高职教育在教学中强调实践技能的"必需"与理论知识的"够用"，特别是注重操作技能的实践性，

"学以致用""知行合一"成为高职教育教学实践的基本原则。高职教育教学过程中，需要紧密结合各行各业工作实际，建立仿真性实验基地或实验室，通过操作性技能学习促进学生掌握生产技能。高职教育教学质量的评价也要相应地侧重考查学生所学知识技能是否转化为个人就业和创业的实际能力。

6. 课堂建构的创造性

高职教学文化的创生性体现在高职教学文化的创造性之中。创新是一个民族兴旺发达的不竭动力，是当代青年必需的素质。在当今时代，具有创造性的学生在社会发展中具有巨大的潜力。高职教育要培养具有创造性的人才，则势必需要一种宽松、愉悦、具有创造性的氛围。教学文化的创造性或间接地给学生以环境熏陶，或直接作用于学生创造力和创造性人格的培养，在这种环境下，学生的创造力得以综合提升。在创生性的教学文化下，专业知识、职业技能和职业素养是在学生与教师的交往中开放的、流动的、情境化的与建构的。教师可以给学生提供专业知识、专业技能等，同时学生也可以将当下获取的最新科技知识等传递给教师。教师不再是教学的唯一主体，不再照本宣科，学生也不再是旁观者，而是主动建构者。学生对一些知识、技能进行选择性地吸收，教师也将对教材上的内容加以删减或添加。高职教学文化的创生性也体现在教师的教学过程中，教师在教学中想方设法鼓励学生多思考、多提问、多表达、多实践，促进学生思维能力和动手能力的发展，帮助学生在新知识、已有知识、跨学科知识、生活中的知识之间对话，培养学生的探究兴趣，使课堂成为师生享受探究快乐的园地。教师不仅在教学的过程中要给学生思考、实践的机会，还要根据知识、技能的类型对学生进行不同方式的教学。

第二节　高职教育教学文化的价值

一、教学文化的价值取向

（一）价值与文化

关于"价值"这一概念，学术界有着不同的认识，归纳起来，可以分为以下三个方面的观点：第一种，价值同事物一样，是一种"实体"存在，它独立于其载体和评价主体之外，也独立于人们的意志、情感、理智、认识和"经验"。这种作为客体存在的价值可以分为两种，即唯客体论的实体说和唯主体论的客体说。唯客体论的实体说把价值直接等同于人认识的对象"客体"。唯主体论的客体说把价值理解为人，人就是价值本身，除了人之外，就不存在价值问题。第二种，价值即事物固有的属性。这种观点认为，价值是客体本身固有的某种性质或属性，事物本身具有不依赖外在条件的内在价值，信奉事物本身就是善的或者恶的。第三种，价值即关系范畴。这种观点认为，价值就其实质来看，是一种关系存在，它既不是实体，也不是事物固有的属性，而是事物对人或事物的效用，价值因事物与人或事物的关系而存在。它可以分为广义和狭义的关系说。广义的关系说认为，价值是事物或者人相对于人或事物而言的。狭义的关系说认为，价值是对象或客体相对人而言的。这种狭义的关系说也可以称为"主客体关系说"。这种观点认为，价值的基础是主客体之间的相互作用，而且价值的产生也源于主客体之间相互作用。

文化也处于一个无形的价值观体系中。在这个体系中，核心价值观的发展变化直接影响着整个文化的发展，决定文化的发展方向。高职教育教学文化作为一种精神生态，由若干抽象的精神要素组成，从其与高职教育、高职教育教学之间天然的互动关系来看，其核心要素包含了高职教育对其教学活动所坚持的基本价值定位以及在其指导或影响下所产生的行为方式。这种基本价值定位和引导主要集中于以下三个方面：首先是以知识、学问为基本指向的知识本位价值，它注重文化的传承与创新，追求知识与学问；其次是以人的培养为基本指向的人本位价值，它注重个体的发展，将培养人才、塑造人才作为教学的主要目的；再次是以服务社会、适应社会为基本指向的社会本位价值，它将提高社会公众的素养、促进社会现代化视为教学的主要使命。

（二）教学文化价值取向

价值取向是价值哲学的重要范畴，它指的是一定主体基于自己的价值观在面对或处理各种矛盾、冲突、关系时所持的基本价值立场、价值态度以及所表现出来的基本价值倾向。文化价值取向是个体在价值判断的基础上进行的价值追求，以价值理想为目标，是一种立足于价值的动态分析。文化价值取向一定程度上表现为文化层面的价值取向。个体具备一定的价值取向意味着其在进行一定的文化选择时，将某些价值观默认为优势观念形态，或者对某些价值观认同并内化为自身人格结构中的核心部分。价值取向的过程是价值主体立足于自身生存与发展的需要对价值客体进行价值预设的过程，这一过程体现主体的价值倾向。文化价值取向可归纳为：主体基于文化的一种价值期待、判断、选择和追求的意向。它不是孤立存在的，是整个社会价值体系构成中的重要部分。在社会条件的影响下，它反映整个社会的性质与状态；同时它又影响社会价值观的形成与转变，一定程度上反映社会变化与发展的方向。

第一，知识本位：高职教育教学文化的传承与创新。高职教育教学首要关注的是作为文化结果的创造物的复制与再生。知识、经验、价值观、技能等，都是在文化过程中产生的，是文化的创造物。教育文化系统本身就是人类文化的创造物之一，教育对人类文化贡献的一方面就体现在保存人类文化的重要成果和价值体系，为新文化的创生奠定基础。

第二，人本位：高职教育教学文化与个体发展。教学中的个体发展主要体现在学生个体的发展。同学们处在知识、能力、价值观建构的初始阶段，教学文化的全部使命主要是围绕这个将要在复杂多变的社会中生存的"新人"展开。他们即将步入社会，我们要教育他们怎么在社会中生存，对他们进行职业培训。另外，我们还要关照个体的终身发展。终身教育的理念早已深入人心，高职教学不足以为个体提供终身发展所需要的知识和能力，知识更新与职业类别更新的加速使每个人都处在学习化社会之中，简单技能的传授已经不能适应当今的社会转变。高职教育教学正在努力突破一些边界，把个体终身的发展纳入整体的系统之中，这也是高职教育教学文化价值的内在体现。

第三，社会本位：高职教育教学文化与社会发展。高职教育从其形态发生的初始阶段，就与人类社会的生存和发展构成生态互动的整体系统。高职教育教学文化的价值定位总是与社会一定阶段的发展状况密切关联。教学文化与人类社会发展在一种双向互动的过程中共同前行，社会发展不能没有教学文化，教学文化也随着社会的变革确定自身的价值定位，并强化社会发展的效益。一种新的教学文化形态的生成，常常在最深的层次和最广的范围导致人类社会的转型。

二、教育教学文化的价值取向

（一）高职教育教学文化价值取向

具体到高职教育教学而言，文化价值取向是指个体在进行教学取舍时，所持有的基本价值立场、价值态度以及所表现出来的基本价值倾向。它把握着教学的方向，是一种对教学所要达到的效果的追求，它深入教学过程、探究教学发展的各种因素、选择教学发展的目标。教学文化价值取向就是个体在教学过程中所体现出的倾向性。教学文化价值取向贯穿其发展过程的始终，具有动态性、多样性和历史性的特征。

首先，高职教育教学文化价值取向具有动态性特征。文化价值取向包含价值判断、选择和倾向，这些内容的多变性使文化价值取向的确立充满不确定性。这些不确定性伴随传统文化和外来文化的融合，不可避免地使文化价值取向带有动态性特征。高职教育在经历农业文明、工业文明、现代文明的发展阶段中，也呈现出不同的文化价值追求，是一个动态的过程。

其次，高职教育教学文化价值取向具有多元化特征。不同历史阶段、不同地域的文化价值取向有或大或小的差异。主体身处历史发展的潮流，也会根据实际的价值倾向做出不同的价值选择。个体在教学文化横向与纵向交叉的时空范围内，面临多样的文化价值选择，个体也会选择多样的教学文化。

最后，高职教育教学文化价值取向具有时代性特征。不同的历史时期，社会制度、文化背景和价值导向会造就不同的文化价值取向。主体的价值选择总是会受到社会和历史条件不同程度的制约。教学文化总是与本国的社会文化形态相适应的，价值取向具有历史性特征。

（二）高职教育教学文化价值取向的功能

高职教育教学文化价值取向在动态的判断与选择过程中，一定程度上会影响高职教育的发展与转变。作为高职教育重要组成部分的教学文化，在高职教育发展中起着举足轻重的作用，教学文化的价值取向一定程度上会影响高职教育的发展。这种影响主要体现在教师教学和学生学习上。

1. 对教师教学的影响

教师作为教学活动的主体，是教学活动的设计者、组织者和管理者。教师职业的示范性，决定了教师直接用自身的知识、智慧、品德影响学生。教师教学的价值取向是否合理，直接决定教师的教学行为是否能够促进学生的发展。观念支配行动，对于教学文化价值取向的研究可以更好地指导教师的教学行为。教师的教学观一旦形成，就会在头脑中产生思维框架，影响他们对教学过程中出现的具体现象的看法，左右他们在教学过程中的决策，进而影响学生的学习。而教学文化的价值取向是教师对教学的基本价值的观点和看法，是教学价值取向的一种表现形式，不同的教学活动反映了教师对于教学实践中的各种目标的不同理解和概括，也就是说，教师的教学行为是教师教学价值取向的反映。具体而言，教学文化价值取向对于教师教学的影响有以下几个方面：

（1）影响教学目标的设计

在实际的教学中，对相同的教材和教学内容，不同的教师虽然参照相同的课程标准，但是由于考虑各方面的原因，教学价值取向的不同，所设计的教学目标不尽相同甚至大相径庭。教学价值取向作为一种"倾向"，它对教师的教学目标的设计有定向引领作用，教师的教学价值取向不同，教师在教学过程中开展的教学活动目标的重点也不同。文化价值取向反映教师主体生存与发展的需要，教师依据一定的文化价值取向来选择不同的思想意识、行为状态，文化价值取向之于主体是一种信仰、信念的支撑，对教师的教学行为选择具有根本性的引导作用。

（2）影响课堂教学行为

教学文化的价值取向，直接影响着教师们怎么教、依靠什么组织教学活动、怎么对学生评价等方面。如果一个教师的教学文化价值取向侧重于对所教知识的内在价值，在教学过程中会更重视发展学生的思维、心智等。相应地，在教学方法的设计上会考虑如何设置教学情境才能让学生体会文章的情感，让学生学会思考问题的过程；考虑如何设置体验性探究活动来提高学生的能力；选择更加合适的方式方法对学生进行评价和总结。如果教师侧重所教知识的工具价值，他会注意教学内容的功利性方面。在教学方法上"单刀直入"地将新知识教给学生，再通过大量反复练习巩固所学知识，较少关注学生的学习兴趣；在评价上也可能侧重对大纲要求的知识点的考查，为考试而教，忽视学生能力的培养。在历史长河中，高职教育的发展理念先后经历了技术至上、就业导向到技术人文、人的全面发展等一系列转变。在转变中，高职教育在教学文化上更加注重对人的终极关怀，并推动现代职业教育体系的建立。

（3）影响教师专业发展

教师职业是一个重复性较多的工作，虽然课程改革一直在进行，课程标准要求也有变化，但是有些教学内容不会发生太大变化。面对同样的教学内容，如果教师持有落后的教学价值取向，"换汤不换药"，那么即使他不断学习各种先进的教学方法，他的教学水平仍然不会得到真正的提高，对教师个人的职业发展不利。而持有先进教学价值取向的教师，在教学中不断更新自己的教育教学理念，改变落后的教学方式，与时俱进地组织教学内容，不断尝试新的教学模式，不断提高自己的专业水平，促进学生的自主全面发展，不断寻找更适合学生发展的教学方法。这样的教师会积极对自己的教学经验进行反思总结，会促进自己的职业发展。

2. 对学生学习的影响

教学过程是教师通过一定的教学手段，有目的有计划地指导学生掌握科学文化基础知识和技能，影响学生思想品德的过程。作为教学主体，教师的教学文化价值取向的正确与否最终会对学生产生重要影响。

（1）影响学生知识和技能的学习

高职教育在人的身心发展中起重要作用，而作为高职职能主要实施者的教师，是向学生传授知识和技能的教学过程的主体，对学生知识和技能的学习会产生重要的影响。他们之所以选择高职教育就读，就是希望通过自己的努力，掌握一技之长，将来能找个好工作，有个好前程。在学习过程中，他们努力学习科学文化知识，对实践操作、技能比赛等表现出极大的兴趣，对于自己掌握专业技能的程度有较高的期望值，也希望他人和社会对自己的能力给予肯定。教学过程中，教师培养学生强化自己的心理承受能力，踏踏实实学好基础知识，掌握好实践技能，创新学生的思维方式，锻炼他们的人际交往能力，教学文化的这些价值取向一定程度上影响了高职学生知识和技能的学习。

（2）影响学生人生价值观的发展

学生是发展的人，具有可塑性、依赖性和向师性，教师与学生朝夕相处，教师的言谈举止、举手投足之间会对学生产生潜移默化的影响。高职教育学生有志向、有抱负，对自己的未来有美好的憧憬，并期许通过自己的努力实现。他们有强烈的社会责任感，希望多为社会做贡献，愿意参加志愿者服务、无偿献血等公益活动。教师在教学中可以培养学生高尚的人格，潜移默化地培养学生良好的品行，提高学生明辨是非、美丑和善恶的能力，使学生建立独立、完整、高尚的人格，这些是学生学以致用的保障。

高职教育教学文化价值取向对于高职教育的影响是难以忽略的，其深远的影响直接带来的是高职教育发展的不同，这是高职教育发展过程中不可忽略的因素。以史为鉴，以史为师。对于中外高职教育教学文化价值取向的研究，有助于我们在现存的发展困境中探索出高职教育发展的新路径。

第三节　高职教育教学文化的结构

一、教学文化结构的理论基础

教育社会学研究证实，有效的教学与教学文化结构中内外因素的互动有密切关系。因此，从理论上研究教学文化的结构，即其内外因素的相互互动及其形成的关系，并从总体上把握教学文化与社会文化相互制约与发展的互动研究，探讨影响教学文化发展的内外制约、促进因素，将有利于教学更好地发展。

（一）社会学习理论

社会学习理论是由美国心理学家阿尔伯特·班杜拉提出的。该理论主要探讨个人的认知、行为与环境因素三者及其交互作用对人类行为的影响。它着眼于观察学习和自我调节在引发人的行为中的作用，尤其重视人的行为和环境的相互作用。按照班杜拉的观点，以往的学习理论家一般都忽视社会变量对人类行为的制约作用，他们通常是用物理的方法对动物进行实验，并以此来建构他们的理论体系，这对于研究生活于社会之中的人的行为来说，似乎不具有科学的说服力。由于人总是生活在一定的社会条件下的，所以班杜拉主张要在自然的社会情境中而不是在实验室里研究人的行为。

（二）符号互动理论

符号互动理论主要继承社会心理学家米德（Mead，GH.）等人的传统，戴维·哈格里夫斯（Hargreaves，D.）等人是符号互动论的倡导者，他们注重从更广泛的背景中识别教学，认为不联系社会环境要素的影响，不足以解释教学的实际进程。他们运用情境、脉络、视野、文化、交涉、策略等概念，来解释高职与教学过程，认为这一过程是参与者之间以符号为媒介的社会互动过程，由于这一过程在数量与质量上都因人而异，因而是一种差别互动过程。

二、交往行为理论

哈贝马斯把人的行为分为"工具行为"（即"目的——理性行为"）和"交往行为"。他认为人类奋斗的目标不是使工具行为而是使交往行为合理化，交往行为合理化的社会就是人类的理想社会。哈贝马斯理解的"交往行为"就是指两个或两个以上具有言论和行为能力的主体之间，以语言或符号为媒介，以言语的有效性要求为基础，以达至相互理解为指向，在意见一致的基础上遵循（语言的和社会的）规范而进行的、被合法调节的、使社会达到统一并实现个人同一性与社会化相统一的，合法化的、合理的内在活动。具体包含四层含义：第一，交往行为是两个及两个以上主体之间产生的涉及人与人关系的行为；第二，它是以符号或语言为媒介的；第三，它必须以社会规范作为自己的准则；第四，交往的主要形式是对话，通过对话以求达到人们之间的"相互理解"与"一致"。因此，交往行为是以理解为导向和目的的行为，是主体间的"相互理解""相互沟通"和达成共识的过程。哈贝马斯在其交往理论中特别强调了人际交往是"主观际"活动，要真正体现出"主体间性"，必须促成"现实关联"，人际交往中的"话语""言说""表达""参与"等，在相互之间的"沟通""理解"与"认同"上起着重要的作用，发生着具体而复杂的实质性联系，并明确指出："言语行为的有效性要求包括说出某种可理解的东西；提供（给听者）某种东西去理解；由此使他自己成为可理解的；达到与另一个人的默契。其认同的前提条件：可领会性、真实性、真诚性、正确性。也就是说，言说者必须选择一个可领会的表达以便说者和听者能够相互理解：言说者必须使用一种本身最正确的话语，以便听者能够接受之，从而使言说者和听者能在公认的规范为背景的话语中达到认同。"

交往教学论把教学过程视为由关系与内容两方面组成的一种交往过程，认为关系也是一个独立发展的重要的成分，而反对仅仅把处理好师生关系作为搞好教学的一种方法。其基本思想在于把学生的"解放"作为教学的根本目标，强调师生之间的平等交往是实现学生"解放"的根本途径。而所谓学生的"解放"，是指要发展学生的个性，促使学生个性自我实现，使学生具有独立的人格和自主的能力。并由此提出了合理交往的特征和原则：第一，合理的交往是一种合作式的交往；第二，参加交往的各方都放弃权威地位，相互持平等的态度；第三，在交往中不是民主流于形式，而是真正做到民主；第四逐步创造条件，使不带支配性的交往行为成为可能；第五，相互传递的信息是最佳的信息；第六，现在的交往将为以后的合理交往创造条件；第七，合理交往的结果将取得一致的认识，但并非一切合理的交往都必须达到一致的认识，尤其是在交往终了做出盲目的决定。

三、教学文化的要素与结构

所谓要素是指构成一个客观事物的存在并维持其运动的必要的最小单位，是构成事物必不可少的因素，又是组成系统的基本单元，是系统产生、变化、发展的动因。所谓结构是指组成整体的各要素的搭配和安排。教学文化的要素与结构是指教学文化的构成要素及其之间的相互关系。

目前，教学文化的要素与结构主要有以下几种角度分类：一是基于教学文化的主体角度。二是基于教学文化的层次角度。三是基于教学文化的特征角度。

教学文化的结构不但要体现各个要素之间的时空顺序、主次地位与结合方式，还要表明各个要素如何联系起来，形成教学文化的整体模式。据此，把教学文化的结构分为物质文化、行为文化、制度文化和精神文化。

教学文化是分层次的（如下），那么第一层是表层的物质文化；第二层是浅层的行为文化；第三层是中层的制度文化；第四层是核心层的精神文化。

教学文化结构的以上四个层次并不是孤立存在的。首先，人类所从事的任何物质文化的创造都是在一定的观念支配下，通过采用一定的行为方式而实现的。其次，一种精神文化总是要体现在一定的个体或群体的行为之中，并对其存在的物质环境产生某种文化影响力，同样，任何一种行为文化的形式，总是伴随着一定的价值观、生活信念和行为规范，并且行为的指向必须存在于一定的物质环境中。最后，无论是物质文化的创造、精神文化的孕育，还是行为方式的选择，都无不打上了社会关系的烙印——规章制度、行为规范等的要求。所以，准确地说，教学文化应当是由物质文化、精神文化、制度文化、行为文化组成的不可分割的有机整体。

（一）教学物质文化

1. 教学物质文化的含义

教学物质文化作为教学文化的一个子系统，其显著特点就是以物质为载体，物质文化是它的外部表现形式。优秀的教学文化是通过教学成果的开发及其质量和教学的工作环境、文化设施等物质现象来体现的。

2. 教学物质文化的组成要素

第一，教学建筑环境设施。包括内外两部分：一是教学外部建筑环境设施，包括建筑外形、外部标识指示牌、教学雕塑、外部环境绿化美化等；二是教学内部建筑环境设施，包括教室、实验室等教学场所的面积及内部设计布置、内部各部门标识牌、内部指示牌、楼层标识牌、宣传栏、形象墙、文化走廊及相关教学物质设施等。

第二，教学标志。包括教师、学生服饰（制服、领带、胸卡等）等。

第三，教学工具。包括教材、教参、教案、课件、作业、多媒体硬件等。

第四，教学成果。包括各级各类教研课题、教研论文、教研专著、教研期刊、教研学报、出版教材、学科专业竞赛奖项、专业课程教学网站等。

（二）教学行为文化

1. 教学行为文化的含义

教学行为文化是指师生在教学活动过程中产生的活动文化。教学行为文化是教学精神、教学价值观的折射。教学行为文化通过教师的教和学生的学得以体现。一方面，教师教的文化通过教的功能、方法、形式体现出来。教师教的行为具有规定目标、控制节奏、把握方向、确定水平等规范和引导的功能，这些功能如何发挥是教学文化的体现。另一方面，学生学的文化也从两方面体现了教学文化。一是学生学习活动本身。学生的学习活动本身就是一定教学文化的体现，是自主学习还是被动学习，是合作学习还是个体学习，是探究学习还是接受学习，这些都是不同的教学文化的体现。二是学生学习活动和教师的互动。主要表现为师生之间平等的交往活动，还是主客二分的改造与被改造的活动等。

2. 教学行为文化的组成要素

（1）课前晨会

课前晨会要求学生利用上课前的5~10分钟时间，以班级为单位，全班学生自主根据事先准备好的学习主题和顺序交流信息、分享心得的一种行为文化方式。

（2）师生课堂标准行为

师生课堂标准行为包括标准的仪态：站姿要求"站如松"；坐姿要求就是指美的坐姿给人端正、稳重之感；走姿要求"行如风"。师生课堂标准行为还要求师生使用基本礼貌用语和准确称呼。

（3）教学方法

教学方法，是教学过程中教师与学生为实现教学目的和教学任务要求，在教学活动中所采取的行为方式的总称。其具体方法主要有：

①讲授法

讲授法是教师通过简明、生动的口头语言向学生传授知识、发展学生智力的方法。它是通过叙述、描绘、解释、推论来传递信息、传授知识、阐明概念、论证定律和公式，引导学生分析和认识问题。

运用讲授法的基本要求是：

第一，讲授既要重视内容的科学性和思想性，同时又要尽可能地与学生的认知基础发生联系。

第二，讲授应注意培养学生的学科思维。

第三，讲授应具有启发性。

第四，讲授要讲究语言艺术。语言要生动形象、富有感染力，清晰、准确、简练，条理清楚、通俗易懂，音量、语速要适度，语调要抑扬顿挫，适应学生的心理节奏。

讲授法的优点是教师容易控制教学进程，能够使学生在较短时间内获得大量系统的科学知识。但如果运用不好，学生学习的主动性、积极性不易发挥，就会出现教师满堂灌、学生被动听的局面。

②讨论法

讨论法是在教师的指导下，学生以全班或小组为单位，围绕教材的中心问题，各抒己见，通过讨论或辩论活动，获得知识或巩固知识的一种教学方法。优点在于，由于全体学生都参加活动，可以培养合作精神，激发学生的学习兴趣，提高学生学习的独立性。一般在高年级学生或成人教学中采用。运用讨论法的基本要求是：

第一，讨论的问题要具有吸引力。讨论前教师应提出讨论题和讨论的具体要求，指导学生收集阅读有关资料或进行调查研究，认真写好发言提纲。

第二，讨论时，要善于启发引导学生自由发表意见。讨论要围绕中心，联系实际，让每个学生都有发言机会。

第三，讨论结束时，教师应进行小结，概括讨论的情况，使学生获得正确的观点和系统的知识。

③演示法

演示法是教师在课堂上通过展示各种实物、直观教具或进行示范性实验，让学生通过观察获得感性认识的教学方法。是一种辅助性教学方法，要和讲授法、讨论法等教学方法结合使用。运用演示法的基本要求是：

第一，目的要明确。

第二，现象要明显且容易观察。

第三，尽量排除次要因素或减小次要因素的影响。

④练习法

练习法是学生在教师的指导下巩固知识、运用知识、形成技能技巧的方法。在教学中，练习法被各科教学广泛采用。练习一般可分为以下几种：

第一，语言的练习。包括口头语言和书面语言的练习，旨在培养学生的表达能力。

第二，解答问题的练习。包括口头和书面解答问题的练习，旨在培养学生运用知识解决问题的能力。

第三，实际操作的练习。旨在形成操作技能，在技术性学科中占重要地位。

⑤任务驱动法

教师给学生布置探究性的学习任务，学生查阅资料，对知识体系进行整理，再选出代表进行讲解，最后由教师进行总结。任务驱动法可以以小组为单位进行，也可以以个人为单位组织进行，它要求教师布置任务要具体，其他学生要积极地提问，以达到共同学习的目的。任务驱动教学法可以让学生在完成"任务"的过程中，培养分析问题、解决问题的能力，培养学生独立探索能力及合作精神。

⑥参观教学法

组织或指导学生到育种试验地进行实地观察、调查、研究和学习，从而获得新知识或巩固已学知识的教学方法。参观教学法一般由校外实训教师指导和讲解，要求学生围绕参观内容收集有关资料，质疑问难，做好记录，参观结束后，整理参观笔记，写出书面参观报告，将感性认识升华为理性知识。参观教学法可使学生巩固已学的理论知识，掌握前沿知识。参观教学法主要应用于各种植物品种改良技术的工作程序、后代选择方法和最新研究进展等方面内容的教学。参观教学法可以分为：准备性参观、并行性参观、总结性参观。

⑦现场教学法

是以现场为中心，以现场实物为对象，以学生活动为主体的教学方法。本课程现场教学在校内外实训基地进行，主要应用于育种试验布局规划、试验设计、作物性状的观察记载方法等项目的教学。

⑧自主学习法

为了充分拓展学生的视野，培养学生的学习习惯和自主学习能力，锻炼学生的综合素质，通常给学生留思考题或对遇到的一些生产问题，让学生利用网络资源自主学习的方式寻找答案，提出解决问题的措施，然后进行讨论评价。

自主学习法主要应用于课程拓展内容的教学，如项目教学未涉及的小作物的具体育种方法和特点，组织学生自主学习，按照论文的形式撰写学习小论文，交由教师评价。锻炼学生提出问题、解决问题和写作的能力。

⑨体验式学习方法

体验式学习方法的前提是：体验先于学识，同时，学识与意义来自参加者的体验。每个参加者的体验都是独特的，因为这个学习过程运用的是归纳法而不是演绎法，是由参加者自己去发现、归纳体验过程中提供的知识。

（三）教学制度文化

1. 教学制度文化的含义

教学制度文化是由教学的组织形态和管理法规条例形态构成的外显文化。教学制度文化是教学文化的重要组成部分，首先，制度文化是一定精神文化的产物，是精神文化的基础和载体，同时又反作用于精神文化。其次，制度文化是物质文化建设的保证，没有严格的岗位责任制和科学的操作规程等一系列制度的约束，任何教学是不可能生产出优质的产品的。最后，教学制度文化也是教学行为文化得以贯彻的保证。

2. 教学制度文化的组成要素

教学制度文化具体体现为教学管理机构和教学管理制度两个组成部分。教学管理机构是教学活动得以高效有序进行的各种组织、机构的总和。教学管理制度则是用来规范教学组织、教学主体及各种教学关系的一系列的教学规范、规则、章程、政策等。

（1）教学管理机构

高职的教学管理和教学改革工作，由校长全面负责，主管教学的副校长协助校长主持教学工作。教务处是在党委和主管教学的副校长领导下的教学业务主管部门，统管全校的教学工作。教研室是在主管教学的副校长直接领导下，在教务处指导下直接从事教学、教改、教研、科研工作的行政组织和基层教学业务部门。教育科研督导室是在校长和主管教学的副校长的领导下，负责对全校的教育教学研究、学术交流、科研工作，以及教学检查督导等工作进行组织管理的职能部门。

（2）教学管理制度

教学管理制度一般包括：学籍管理制度、教学常规、教师备课条例、课堂教学质量评价细则、教学档案管理制度、关于教研组活动的有关要求、关于教师集体备课活动的有关要求、关于严格考试的有关规定、教育科学研究课题管理办法、教育教学论文管理办法、教师教学发展制度、专业人才培养制度等。

①教师集体备课制度

集体备课有利于发挥集体的智慧，弥补各位教师备课中的不足，取长补短，资源共享，共同提高。集体备课有助于教师更深刻地领会教材及新课标的基本要求，更准确地把握教学的重点难点，更科学地设计教学环节，更灵活地实施教学方法，更有效地解决教学中遇到的疑难问题。

②教师听课评课制度

为了深入了解课堂教学情况，学习交流教学经验，改进教学方法，促进教师教学业务水平和课堂教学质量的提高，使新课程改革得以更好地实施，特制定听课、评课活动制度，包括听课数量、听课要求、评课要求等。

③教学质量监控与评价制度

定期检查、指导教师的备课、上课、作业布置与批改、学习辅导、考试评价等情况，并进行评估指导。学期末，要对教师备课、上课、案例研究、专题研究、撰写教学随笔和论文总结等业务质量开展自评、互评，进行表彰鼓励。每学期至少要对全校的教学质量进行一次分析研讨，研究、制定出改进教学工作、提高教育教学质量的措施。制定教学质量监控与评价安排，监控教学计划（进度）、教案（讲稿）、课标落实、学生学习状态与水平等日常教学工作。利用检查、评比、展示、交流等形式监控实验课材料、专业知识集、学生作业、后进生辅导、教学质量分析、试卷等。做好教学全面工作的监控与指导。校级行政以听推门课的形式为主，对教学的重点工作监控与指导。每学期教师根据个人教学研究情况，可提出"汇报课"申请，由教导处组织教学管理人员、教研人员、家长等多方进行视导与评价；通过视导了解教学中的优势和问题。对研究成效显著、教学效果好的教师，总结推广其教学研究经验。对尚存在不足的教师，及时指导其改进教学方法。

④教学工作的办公例会制度

例会是研究和部署教学工作的例行会议，是常规教学管理的一种形式。高职教学办公例会是高职教学、科研的具体业务会议，由分管教高职领导主持召开，教务处和各教研室负责人参加。会议主要内容包括：学习、传达上级部门有关教学问题的重要精神；贯彻落实高职党委会议、校长办公会有关教学方面的议决事项；汇报教学工作的落实情况；安排近期教学中心工作；研究提高教学质量的管理措施；通报、交流教学情况，研究解决教学工作各个环节存在的问题；研究科研问题；研究拟订教学计划方案，提交校务会议通过等。

⑤教师工作考核评价体系

对教师工作的考核、评价是高职教学管理的日常性工作，它对教师的观念和行为具有直接的导向、激励、控制作用。好的教师评价体系，一方面可调动教师工作的积极性，另一方面也有助于教师专业素质的提高。教师评价制度的建立应该遵循全面、科学、客观、公正的原则，评价的主体应多元化，高职职能部门、同事、学生等都可以是评价教师的主体；在评价内容上，教师的教学态度、教学工作质量、教学技能和能力、学科专业知识、创新能力、教学和科研成果等都应该被纳入评价的范围，从而全面反映教师的职业素养，对教师综合素质的评价也有助于促进教师的全面发展；在评价方式上，可采用考试、座谈、听课、教学相关资料检查等多种方式。

（四）教学精神文化

1. 教学精神文化的含义

教学精神文化是教学过程中，受一定的社会文化背景和意识形态影响而形成的精神成果和文化理念，主要体现为教学哲学、教学价值观、教学理念。教学精神文化在整个教学文化体系中，它处于最中心的地位，是教学物质文化、行为文化、制度文化的升华。教学精神文化为教学的生存与发展确立了精神支柱。

2. 教学精神文化的组成要素。

（1）教学哲学与教学价值观

教学哲学也称为教学思想，是指对在教学活动中发生的各种关系的认识和态度的总和，是教学从事生产经营活动的基本指导思想。"教学哲学"并不是一个常用词，人们更青睐的词汇是"教学价值观"。

教学活动是应社会发展和个体发展之需而产生的一种特殊形式的实践活动。

教学的基本任务在于：引导学生掌握科学文化基础知识和基本技能；发展学生的体力、智力和创造才能；培养学生良好的道德品质和审美情趣，奠定科学世界观的基础。因此，教学的价值也必然是多层次、多方面的。社会整体及其不同层次的组织机构和社会成员都对教学寄予某种希望，产生某种需求，形成有关教学的意义、功能和重要性的观点、看法及衡量标准等等，再经过一定的理论加工，就会形成某种观念体系。一般而言，这种关于教学的意义、功能和重要性的基本看法和理论化、系统化的观念体系就称为教学价值观。

教学价值观是价值观在教学思想领域的具体体现，既具有价值观的普遍属性，又带有教学领域的特点，最终通过多种多样的目的、追求表现出来。就这个角度而言，教学哲学的内涵基本等同教学价值观。

以下是三种基本教学价值观：

第一，以知识本位为核心的教学价值观。以知识本位为核心的教学价值观所关注的重点是如何认识和改造自然，使已有的知识经验成为达到这一目的的必要条件，其教学目标完全依据社会的目标和尺度来确立，而且是以主观经验为基础，它所关注的是知识这个客体而非教学主体或学生主体的发展。因此，教学活动不是主体间的活动，而且教与学处于分离状态。在此背景下，教学价值观所关注的是如何占有知识，如何使知识具有社会性，如何用知识征服自然。在教学过程中，教师成了唯一的主体，成为知识灌输的支配者，学生与知识从内在性成为被灌输与征服的客体。本该是主体的学生被视为客体，本该是自主的教师被视为"独裁"与"支配"的对象，其结果是教学没有主体之间的平等关系与互动关系。

第三，以能力本位为核心的教学价值观。以知识本位为核心的教学价值观随着社会发展越来越凸显了自身的缺点，从而无法适应社会的需求。随着社会的发展，人们意识到知识是学不完的，知识背后某种更具有能动性的东西特别受到关注，那就是主体的能力。以能力本位为核心的教学价值观所关注的不再只是知识经验，而是以学生主体的能力培养为目标，教学目标从经验论的窠臼中走出，以重视学生的能力培养为重点，教学评价依照"主体——客体"之间的关系来展开，学生从原来被视为"客体"的观念得到改变，成为教学过程中的主体，它超越了以知识本位为核心的教学价值观，它强调的是单纯的"主体——客体"或"主体——中介——客体"模式，在处理人与自然、人与物的关系时是行之有效的，但在处理人与人之间的关系时，就遇到了"他人不是客体"的困窘。

它从某种程度上依然强调如何通过知识的占有与能力的培养来对客体进行占有与支配，主体间性没有得到充分的重视，主体与客体二元对立局面在很大程度上依然存在。因此，以能力本位为核心的教学价值观并没有解决教学过程中的师生之间的互动性问题，未能从人的完整统一性来看待教学的完整统一性，也未能看到教学与人和社会一样，也存在可持续发展问题。

第三，以人格本位为核心的教学价值观。以人格本位为核心的教学价值观是20世纪教学价值观登场的第三个场景。和谐发展成为教育的崇高理想，它指向人文精神，着眼于终身教育，立足于经济知识，其教学模式是以"主体——主体"为主线进行的，其教学过程观是以主体间性为前提的，即在交往过程中要突出主体与主体之间的互动性或交互性。主体间性的发展程度与主体性的发展程度相关联，并能折射出特定社会的发展水平。主体——主体关系是人与人之间的交往关系。学生与教师的地位是平等的，师生之间的关系是互动性或交互性，使主体成为真正的主体，在很大程度上适应了社会的需求与发展，符合当今社会发展的理念。

（2）教学理念

教学哲学或教学价值观的内容是相当广泛的，因为在教学过程中需要处理的关系涉及方方面面。对教学过程中某一关系的认识和态度，就是某一方面的理念。教学一系列理念的总和就是教学哲学或价值观。教学理念具体体现为：

第一，以生为本的理念。强调以生为本，把重视学生，理解学生，尊重学生，爱护学生，提升和发展学生的精神贯注于教育教学的全过程、全方位。

第二，全面发展的理念。以促进每一个学生在德、智、体、美、劳等方面的全面发展与完善，造就全面发展的人才为己任。

第三，素质教育的理念。强调知识、能力与素质在人才整体结构中的相互作用、辩证统一与和谐发展；以帮助学生学会学习和强化素质为基本教育目标，旨在全面开发学生的诸种素质潜能。

第四，创造性理念。加强创新教育与创业教育并促进二者的结合与融合，培养创新、创业型复合性人才成为现代教育的基本目标。

第五，主体性理念。它要求教育过程要从传统的以教师为中心转变为以学生为中心、以活动为中心、以实践为中心，倡导自主教育、快乐教育，培养学生的学习兴趣和习惯，使学生积极主动地学习和发展。

第六，个性化理念。现代教育强调尊重个性，鼓励个性发展，主张针对不同的个性特点采用不同的教育方法和评估标准，为每一个学生的个性充分发展创造条件。

第七，开放性理念。传统的封闭式教育格局被打破，取而代之的是一种全方位开放式的新型教育。

第八，多样化理念。它要求根据不同层次、不同类型、不同管理体制的教育机构与部门进行柔性设计与管理，它更推崇符合教育教学实践的弹性教学与弹性管理模式。

第九，生态和谐理念。倡导"和谐教育"，追求整体有机的"生态性"教育环境建构。

第十，系统性理念。形成的是一种社会大教育体系，促进教育良性运行与有序发展，以满足学习化社会对教育发展的迫切要求。

四、高职教育教学文化的结构

高职院校的教学文化从精神文化、制度文化到行为文化、物质文化，传承并创新着具有高职特色的校园文化。据此，高职教育教学文化的结构主要呈现为：

（一）以"双师"为特征的高职教师文化

高职院校的教师团队构成有特殊的要求：一是要"双师结构"，就是各专业教学团队中既要有高职的专业专任教师，也要有来自行业企业的兼职教师。二是"双师素质"，就是高职的专业专任教师和兼职教师，都要既具有一个合格高职教师的素质，也要具有一个合格企业专业技术人员的素质。以"双师"为特征的高职教师文化需要解放思想，转变观念，深化人事和分配制度改革，深化校企合作，共建专兼结合的双师教学团队；要采取请进来、送出去、深入学习、专题研讨等多种方式，教师与行业企业人员共同参加，力促队伍建设的思想观念转变；要通过制度保障，建立起一支专兼职教师相结合、素质优良、相对稳定、结构合理、团结协作的"双师结构"教学团队，形成基础课程主要由专任教师承担，实践技能课程主要由具有相应高技能水平的兼职教师讲授的机制；要鼓励教师到企业实践锻炼，明确岗位及任务，建立实效性、结果性考核机制；要针对兼职教师的聘任与管理，明确兼职教师的聘用资格和条件、聘用程序、管理及教学质量控制等，让企业技术人员、技术能手和职业领域专家参与人才培养全过程。

（二）以"任务驱动、项目导向"为特征的高职课程文化

高职教育的课程体系具有鲜明的特点，强调学习与工作相结合，用实际的工

作任务、工作项目引领课程体系构建。这种课程文化的特点就是校企合作共同开发专业核心课程，进行基于"工作过程系统化"的课程体系开发，以培养学生生产操作和技术应用能力为主线，以实际的生产过程和真实的生产产品作为载体，将课程内容和生产过程紧密结合起来，使学生完成课程学习即获得相应岗位的生产操作和技术应用能力。构建以"任务驱动、项目导向"为特征的高职课程文化，其基本特征是各主干课程设置与工艺流程各阶段的技能要求相一致，符合岗位职业能力要求和生产实际。

（三）以"重视能力培养"为特征的高职教学方法文化

高职课程要有特色的教学方法才能实现相应的教学效果。高职课程是以学生解决问题为中心的课程，要将学生培养成为社会需要的"岗位人才""职业人"和能生存能发展的"社会人"，必须树立能力本位的教育教学观。能力的培养既要靠特色课程设置，也要靠特色教学方法。以"重视能力培养"为特征的高职教学方法文化就是要积极推进适应高职学生特点的教学手段与方法改革，开展教学做一体、讨论式、案例式教学、多媒体教学和情境学习、建构学习。公共课、基础课教学按照贴近专业、亲近职业、创设情境、问题引入、案例引导、任务驱动、学用融合等教学模式，积极开展教学改革。专业课程坚持行动导向的教学，按照"资讯、计划、决策、实施、检查、评估"这一"行动"过程序列，强调"为了行动而学习"和"通过行动来学习"，在教学中，让学生在自己"动手"的实践中，掌握职业技能，从而建构属于自己的能力体系。

（四）以"严实"为特征的高职教学管理文化

高职教学管理对保证和提高教学质量至关重要。教学质量是高职的生命线，一所高职办得如何，最基本的要看它的教学管理做得如何。以"严实"为特征的高职教学管理文化坚持以提高教学质量为核心，时刻把握教学质量这一办学的生命线，树立科学、全面的质量观，把提高质量作为教学工作的核心工作抓实抓细抓好；通过完善教学制度体系、教学监控体系，实现规范化、系统化、制度化、现代化教学管理；通过教学质量分析对教学进行全面总结，找出问题，明确改进方向，每个任课教师承担任何教学任务，完成后均需进行质量分析，教研室要针对本教研室本学期教学任务完成情况、教师个人质量分析情况进行总体分析，总结优秀教改经验，分析存在的主要问题，系部和高职在此基础上进行更全面的分析，形成全面分析报告，针对理论教学和实践教学的总体运行质量进行分析。系部教学大会要向全系教师宣布分析结果，并对问题突出的课程和教师提出整改要求，整改措施纳入新学期教研活动内容及系部教学工作计划。高职（教务处）根据系部提交的教学总结及教学质量分析，以及日常教学质量监控和评价情况，每学期开学教学总结和全校质量分析，并就改进措施进行跟踪反馈，不断促进教学质量的提升。

第四章　高职教育教学信息化策略

第一节　信息化教学概述

信息化教学是与传统教学相对而言的现代教学的一种表现形态，是信息化教学的一个子系统，它以信息技术的支持为显著特征，因而我们习惯于将之称为信息化教学。特别需要指出的是，以信息技术为支持还只是信息化教学的一个表面特征，在更深层面上，它还涉及现代教学理念的指导和现代教学方法的应用。信息化教学是教学信息化的结果。从技术学层面考查，伴随着社会的进步与发展，信息化教学是教育技术学发展至今的必然结果。

一、信息化教学的定义

所谓信息化教学，是与传统教学相对而言的现代教学的一种表现形态，它以信息技术的支持为显著特征，因而我们习惯于将其称为信息化教学。须要指出的是，以信息技术为支持还只是信息化教学的一个表面特征，在更深层面上，它还涉及现代教学理念的指导和现代教学方法的应用。

二、信息化教学与传统教学模式的差异

信息化教学与传统教学没有本质的区别，它也是教师的教和学生的学的双向共同活动。但是信息技术的出现和多媒体在教学中的应用，使得信息化教学在教学手段、教学资源、教学环境以及教学模式等方面有了新的特点，并与传统教学相比有了很大的差异性。

（一）教学手段的差异性

从广义来讲，教学手段就是为了实现预期教学目的，教师和学生用来进行教学活动，作用于对象的信息的、精神的、物质的形态和力量的总和。在这里教学手段主要表现为某种具体的教学媒体。传统的教学媒体主要有黑板、教科书、标

本、模型、图表等，因此，传统的教学手段是指教师针对教学内容，运用简单的媒体，单向传播教学信息的方式。信息化教学手段主要是随着多媒体技术在教学中的应用，教师将原来以教材形式存在的各种文字、图像、数据、表格转化为数字化的教学资源，利用多媒体呈现的方式进行教学，同时，多媒体资源也能够快速方便地通过网络传递、共享，提高教学效率。

传统教学的形式单一，主要是以课堂教学为主，教师传授知识、学生接受知识是主要的教学活动。信息化教学的形式多样化，在各种类型的教学环境中开展多样化的教学，如自主学习、协作学习、探究学习等。传统教学主要借助单一化的媒体开展教学活动，教学媒体承载教学信息的能力比较低，传递教学信息的功能比较简单、机械。信息化教学手段具有丰富的教学功能，通过大屏幕投影清晰地传授知识，通过网络开展小组讨论、师生答疑、作业提交、网上学习和测试等，加强了师生之间的交流，培养了学生的自主学习能力。信息化教学能够提高学习效果，信息化手段集声音、图像、文字等多种信息于一体，极大程度地满足了学生视听等感官需求，激发了学生的学习兴趣。传统教学大多数采用灌输式的讲授方式，教学信息是从教师到学生的单向传递，没有考虑到每个学生的特点，不能做到"因材施教"，从而使教学比较枯燥乏味，不利于学生认知能力的发展。信息化教学采用的讲授方式是交互式指导，教师与学生之间互动交流，教学信息可以双向或多向传递，既可以从教师到学生，也可以从学生到教师，从而使师生之间形成平等的地位，有利于教学活动的有效实施。

同时，信息化教学具有直观性，它可使形、声、色浑然一体，把一些传统教学手段无法表现的复杂的过程、一些不易观察和捕捉的现象、一些无法现场呈现的场景，都真实、鲜活地呈现在课堂上，创设生动、形象、具有强烈感染力的情境，调动学生学习的积极性，使学生更好地掌握知识，从而提高教学效果。它具有传统教学手段所没有的趣味性、直观性，可以充分调动师生的积极性、主动性和创造性，突破教学的重难点，从而更加容易达到教学目的，使学生在愉快、轻松的环境中获得知识。

尽管传统教学手段和信息化教学手段有一定的差别，但是它们都有各自的优点，在教学过程中，它们是相互补充、取长补短的关系。我们应当将传统教学手段与信息化教学手段结合起来，实现优势互补，才能最大限度地提高教学质量。

（二）教学资源的差异性

教学资源是支持整个教学过程达到一定教学目的，实现一定教学功能的各种资源总和，是教学系统中的一切物化资源和非物化资源，主要包括教学资料、支持系统、教学环境等。

教学材料蕴含了大量的教育信息，是能创造出一定教育价值的各类信息资源。传统教学材料包括书本、教科书、挂图、教学器具、课件、教学电视等。信息化教学材料指的是以数字形态存在的教学材料，包括学生和教师在学习与教学过程中所需要的各种数字化的素材、教学软件、补充材料等，具体形式有：文本、图形/图像、音频、视频等素材类教学资源，虚拟实验室、教育游戏类、电子期刊类、教学模拟类、教育专题网站等集成型教学资源以及网络课程。

支持系统主要指支持教师有效开展教学活动以及学习者有效学习的内外部条件，包括学习能量的支持、设备的支持、信息的支持、人员的支持等。传统的支持系统主要是指教师和同伴对学习者学习的指导与帮助，以及工具书对学习者学习的帮助等。信息化教学资源的支持系统主要指现代媒体和学习工具对教与学过程的参与，以及海量的网络信息对学习内容的补充等。

教学环境不只是指教学过程发生的地点，更重要的是指学习者与教学材料、支持系统之间在进行交流的过程中所形成的氛围。传统的教学环境以教室为主，以课堂教学作为主要的教学形式。信息化教学环境以信息技术的应用为特征，包括校园网、多媒体教室、电子网络教室、电子阅览室、语音实验室、网络教学平台等，教师可以利用多样化的教学环境开展课堂教学，组织学生协作学习、探究学习，指导学生自主学习。

（三）教学模式的差异性

教学模式是依据教学思想和教学规律而形成的在教学过程中比较稳固的教学程序及其方法的策略体系。它包括教学过程中诸要素的组合方式、教学程序及其相应的策略等。

在传统教学模式中教师是知识的主动施教者，学生是被动接受的对象，媒体是辅助教师向学生传授知识的工具，作为认知主体的学生在整个教学过程中处于被动的地位，扼杀了学生的主动精神和创新能力的培养和发挥。这种模式的优点是有利于教师主导作用的发挥，有利于教师对课堂教学的组织、管理与控制；但它存在一个很大的缺陷，就是忽略学生的主动性、创造性，不能很好地体现学生的认知主体作用。不难想象，作为认知主体的学生如果在整个教学过程中处于比较被动的地位，肯定难以达到比较理想的教学效果，更难以培养出创造型人才。

随着现代信息技术在教育领域的应用，特别是网络教学的广泛应用，师生都处于一个信息来源极为丰富和多样的环境中，两者获得信息的机会几乎是均等的。教师不再以信息的传播者或组织良好知识体系的呈现者出现，而应由原来处于中心地位的知识权威转变为学生学习的指导者和合作伙伴。学生的学习不应该是被动接受信息刺激的过程，而是主动构建知识意义的过程。这需要学习者根据自己的知识背景，对外部进行主动选择、加工和处理，从而获得知识的意义。因此，信息化教学模式是根据现代教学环境中信息的传递方式和学生对知识信息加工的心理过程，充分利用现代教育技术手段（主要指多媒体计算机、教学网络、校园网和因特网）的支持，调动尽可能多的教学媒体、信息资源，构建一个良好的学习环境，在教师的组织和指导下，充分发挥学生的主动性、积极性、创造性，使学生能够真正成为知识信息的主动建构者，从而达到良好的教学效果。在这种模式下，教师成为课堂教学的组织者、指导者，学生建构意义的帮助者、促进者，而不是知识的灌输者和课堂的主宰者。

总之，知识不能通过教师简单地传递给学生，需要学生自己与学习环境进行交互从而完成知识建构，这种建构无法由他人替代。教学不是知识的传递而是知识的处理和转换，教学由向学生传递知识转变为发展学生的能力、培养学生的主体意识、主体性、个性、创造性和实践能力。在教学过程中应关注动机的激发和维持以及提供学生自主学习的工具性支持。

三、信息化教学模式的理论基础

（一）人的全面发展理论

教育目的既是教育活动的宗旨，也是教育活动开展的依据。在不同的社会历史时期，由于受到历史条件、教育价值观的制约，把受教育者培养成何种质量规格的人才要求各不相同。

1. 马克思主义的"人的全面发展"理论

人的全面发展，最根本是指人的劳动能力的全面发展，即人的智力和体力的充分、统一的发展。同时，也包括人的才能、志趣和道德品质的多方面发展。

马克思主义关于"人的全面发展"理论，概括起来主要包括以下几个方面的内容：

（1）人的需要的全面发展

需要是人的本性，需要是人类一切活动的源泉和动力，没有需要，就没有生产。人正是为了满足自己的生存、享受和发展需要，才进行物质生产和社会活动。人的需要的不断丰富和全面，标志着人本质力量新的呈现和人存在的充实。满足正当需要是人不可剥夺的权利，一切压抑人的正当需要，都是违背人性的，都从根本上否认了人本身。所谓人的需求的全面发展，就是除了物质需求以外，社会关系方面的各种需求和精神生活中的各种需求，以及自我实现和发展、自由的需求等等。

（2）人的主体性的全面发展

人的主体性是指凭借自己的综合素质与实践活动而处于支配地位，成为主人的人所具有的特殊属性。马克思认为，人是社会历史的主体，人的主体性是人在创造自己历史的活动中所表现出来的能动性、创造性、自主性。

（3）人的能力或才能的全面发展

人的能力的发展是人的全面发展的重要内容，发展人必须发展人的各种才能。人的能力是多方面的，包括人的自然力和社会能力、潜力和现实能力、体力和智力等。只有人的这些能力或才能都得到充分发展，才是真正的全面发展。

（4）人的个性的自由发展

人的自由个性是人的本质力量发展的集中体现，是个人的生理素质、心理素质和社会素质在不同社会领域的集中表现，是人的自主性、能动性、独特性、创造性的充分展示。

（5）人的社会关系的全面发展

人的社会关系是指人与自然、社会以及他人的关系。社会关系是人的现实本质，或是人的本质的现实性表现。人的本质并不是单个人所固有的抽象物，在其现实性上，它是一切社会关系的总和。所以，在其本质意义上，人的全面发展实际上就是人的一切社会关系的全面发展，因为社会关系实际上决定着一个人能够发展到什么程度，一个人的发展取决于与他直接或间接进行交往的其他一切人的发展。因此，人必须积极参与社会生活多个领域的交往，在交往中形成丰富而全面的社会关系。可见，人的全面发展的核心内容就是人的本质的全面发展。人的本质的全面发展，也就是人的社会属性即人的社会关系的全面发展。人的本质的丰富性、全面性取决于社会关系的丰富性、全面性。

没有个人与社会之间的普遍联系，个人的才能就不能得到发展，人的社会性质也不能得以充分的体现。只有人的社会关系得到高度的丰富和发展，人的全面发展才有可能。

2. 人的全面发展是现代教育的共同追求

教育的目的和本质，就是促进人的自然天性，即自由、理性和善良的全面发展。教育应以善良意志、理性、自由及人的一切潜在能力的和谐发展为宗旨。

3. 人的全面发展是 21 世纪社会发展的要求

21 世纪，全球正在全方位迈向知识经济时代，这是一个不可抗拒的历史性转变。知识经济本质上是人才经济、头脑经济、智慧经济。

知识经济中，以知识、信息为基础的产业将占越来越大比重，"生产"过程日益"非物质化""智力化"，人与物质和技术的关系将降至次要地位。要求人才从学会掌握某种职业的实用技能，转向注重培养适应劳动世界变化的综合能力（包括劳动技能以外的合作精神、创新精神、风险精神、交流精神等）；要求人才不仅具备智力技能，还需要具备社会技能，包括人际关系处理技能等。

随着科学技术的迅速进步，原有的职业会被淘汰，新的职业将陆续产生。一个人多次变动工作或劳动场所将是常事。追求人的全面发展，重在培养素质、能力，才能适应 21 世纪社会发展的要求。

（二）建构主义学习理论

1. 建构主义学习理论的基本内容

（1）皮亚杰的认知发展理论

建构主义的最早提出者是瑞士认知心理学家皮亚杰（Jean Piaget），他的建构主义是基于他有关个体的认知发展的观点，他发展了发生认识论。从个体认知发展理论和个体发展阶段理论出发，个体所获得的成功主要不是由教师传授，而是出自个体本身，是个体主动发现、自发学习的结果。个体是在与周围环境相互作用的过程中，逐步建构起关于外部世界的知识，从而使自身认知结构（即图式）得到发展。认识既不能看作是在主体内部结构中预先决定了的——它们起因于有效的和不断的建构；也不能看作是在客体的预先存在着的特性中预先决定了的，因为客体只是通过这些内部结构的中介作用才被认识的。知识既不是客观的东西，也不是主观的东西，而是个体在与环境交互作用的过程中逐渐建构的结果。

个体认知结构的发展涉及三个基本过程：同化、顺应和平衡。

①同化

同化是指把外部环境中的有关信息吸收进来并结合到个体已有的认知结构中，即个体把外界刺激整合到自己的认知结构内的过程。随着个体认知的发展，同化依次经历了下列三种形式：再现性同化、再认性同化和概括性同化。再现性同化是基于个体对出现的某一刺激做出相同的重复反应；再认性同化是基于个体辨别物体之间差异借以做出不同反应的能力；概括性同化是基于个体知觉物体之间的相似性并把它们归于不同类别的能力。

②顺应

顺应是指外部环境发生变化而已有的认知结构无法同化新信息时所引起的个体认知结构发生改变的过程，即个体的认知结构因外部刺激的影响而发生改变的过程。顺应与同化是伴随而行的，没有纯粹的同化，也没有单纯的顺应。同化是认知结构数量的扩充（图式扩充），而顺应则是认知结构性质的变化（图式改变）。因此，认知个体的发展是同化与顺应之间的对立统一过程的产物。

③平衡

平衡是指个体通过自我调节机制使认知发展从一个平衡状态向另一个较高平衡状态过渡的过程。认知个体（个体）就是通过同化与顺应这两种形式来达到与周围环境的平衡：当个体能用现有图式去同化新刺激时，他是处于一种平衡的认知状态；而当现有图式不能同化新刺激时，平衡即被破坏，而修改或创造新图式（即顺应）的过程就是寻找新的平衡的过程。个体的认知结构就是通过同化与顺应过程逐步建构起来，并在"平衡——不平衡——新的平衡"的无限循环中得到不断地丰富、提高和发展。

（2）建构主义学习理论的基本观点

建构主义学习理论是认知主义学习理论的进一步发展，该理论发展了早期认知学习论中已有的关于"建构心理结构"的思想，强调学生在学习过程中主动建构知识的意义，并力图在更接近、更符合实际情况的情境性学习活动中，以个人原有的经验、心理结构和信念为基础来建构和理解新知识。

近年来，建构主义流派纷呈，呈现出百家争鸣的昌盛局面。各种建构主义观点的立足点尽管存在分歧，但它们对学习的观点都有以下几点共识：

①学习是学习者主动建构内部心理表征的过程

建构主义认为，根本不存在一成不变的"客观"事实。学习不是由教师向学生传递知识，而是学生根据外在信息，通过自己的背景知识和经验，自我建构知识的过程。在这个过程中，学习者不是被动的信息吸收者和刺激接受者，他既要对外部信息进行选择和加工，又要根据新知识与自己原有经验背景知识的关联，主动地建构信息的意义。

②学习过程是一个双向建构的过程

建构主义认为，建构一方面是对新信息的意义建构，运用原有的经验超越所提供的信息，另一方面又包含对原有经验的改造和重组。在学习过程中，每个学习者都在以自己原有的经验系统为基础对新的信息进行编码，建构自己的理解，而且，原有知识又因为新经验的进入而发生调整和改变，所以学习并不单单是信息的量的积累，它同时包含由于新旧经验的冲突而引发的观念转变和结构重组，学习过程也不单单是信息的输入、存储和提取，而是新旧经验之间双向的相互作用过程。

③学习具有社会性

建构主义认为，知识或意义是以学习者原有的经验背景知识为基础建构起来的，由于每个人所处的社群、积累的经验和具有的文化背景不同，因此，他们对事物的理解也是存在个体差异的。因此，知识或意义不仅是个人主动建构的结果，而且需要依靠意义的社会共享和协商进行深层的建构。人的自然属性和社会属性决定了他们不可能孤立地在社会实际生活中完成学习，必然要彼此之间进行交流和协作。通过对话、协商、沟通，学习者能够看到那些与自己不同的观点，在多种不同观点的"碰撞"和"融合"中，激励学习者自我反思，完善对知识的意义建构。

④学习具有情境性

建构主义认为学习发生于真实的学习任务中。真实的学习任务不仅有利于激发学习者的学习主动性，而且这种客观活动还是个体建构知识的源泉。一方面表现在学习者理解、建构知识受到特定学习情境的影响，个人的认知结构是在与社会交互作用，并与其自身的经验背景相互作用，从而逐步形成与完善起来的。另一方面表现在知识在各种情况下的应用不是简单套用，而是需要针对具体情境的特殊性对知识进行再创造。

（3）构建主义学习理论的学习观

建构主义学习理论认为，知识不是通过教师传授得到的，而是学习者在一定的情境即社会文化背景下，借助学习过程中其他人（包括教师和学习伙伴）的帮助，利用必要的学习资料，通过意义建构的方式而获得。由于学习是在一定的情境即社会文化背景下，借助其他人的帮助即通过人际间的协作活动而实现的意义建构过程，认为"情境""协作""会话""意义建构"是学习环境中的四大要素或四大属性。

第一，"情境"：学习环境中的情境必须有利于学生对所学内容的意义建构。

第二，"协作"：协作发生在学习过程的始终。协作对学习资料的搜集与分析、假设的提出与验证、学习成果的评价直至意义的最终建构均有重要作用。

第三，"会话"：会话是协作过程中不可缺少的环节。学习小组成员之间必须通过会话商讨如何完成规定的学习任务的计划；此外，协作学习过程也是会话过程，在此过程中，每个学习者的思维成果（智慧）为整个学习群体所共享，因此会话是达到意义建构的重要手段之一。

第四，"意义建构"：这是整个学习过程的最终目标。所要建构的意义包括事物的性质、规律以及事物之间的内在联系。在学习过程中帮助学生建构意义就是要帮助学生对当前学习内容所反映的事物的性质、规律以及该事物与其他事物之间的内在联系达到较深刻的理解。

（4）建构主义学习理论的知识观

第一，知识不是对现实的纯粹客观的反映，任何一种传载知识的符号系统也不是绝对真实的表征。它只不过是人们对客观世界的一种解释、假设或假说，它不是问题的最终答案，但它必将随着人们认识程度的深入而不断地变革、升华和改写，出现新的解释和假设。

第二，知识并不能绝对准确无误地概括世界的法则，提供对任何活动或问题解决都实用的方法。在具体的问题解决中，知识是不可能一用就准，一用就灵的，而是需要针对具体问题的情境对原有知识进行再加工和再创造。

第三，知识不可能以实体的形式存在于个体之外，尽管通过语言赋予了知识一定的外在形式，并且获得了较为普遍的认同，但这并不意味着学习者对这种知识有同样的理解。真正的理解只能是由学习者自身基于自己的经验背景而建构起来的，取决于特定情况下的学习活动过程。否则，就不叫理解，而是叫死记硬背或生吞活剥，是被动的复制式的学习。

（5）建构主义学习理论的学生观

第一，建构主义强调，学习者并不是空着脑袋进入学习情景中的。在日常生活和以往各种形式的学习中，他们已经形成了有关的知识经验，他们对任何事情都有自己的看法。即使是有些问题他们从来没有接触过，没有现成的经验可以借鉴，但是当问题呈现在他们面前时，他们还是会基于以往的经验，依靠他们的认知能力，形成对问题的解释，提出他们的假设。

第二，教学不能无视学习者的已有知识经验，简单强硬的从外部对学习者实施知识的"填灌"，而是应当把学习者原有的知识经验作为新知识的生长点，引导学习者从原有的知识经验中，生长新的知识经验。教学不是知识的传递，而是知识的处理和转换。教师不单是知识的呈现者，不是知识权威的象征，而应该重视学生自己对各种现象的理解，倾听他们时下的看法，思考他们这些想法的由来，并以此为据，引导学生丰富或调整自己的解释。

第三，教师与学生，学生与学生之间需要共同针对某些问题进行探索，并在探索的过程中相互交流和质疑，了解彼此的想法。由于经验背景不可避免的差异性，学习者对问题的看法和理解经常是千差万别的。其实，在学生的共同体中，这些差异本身就是一种宝贵的现象和资源。建构主义虽然非常重视个体的自我发展，但是也不否认外部引导，亦即教师的影响作用。

2. 建构主义学习理论对信息化教学模式的指导意义

建构主义学习理论认为，学习是学习者通过一定的情境（即社会文化背景），借助其他人（教师或学习伙伴）的帮助，利用必要的学习资源，通过协作会话的方式，主动建构知识意义的过程。在这个过程中，学习者是学习活动的主体，教师是学习者学习的帮助者、促进者和引导者。在教学设计中，建构主义学习理论的指导主要体现在以下几个方面：

（1）情境创设

建构主义学习理论强调为学习者的学习提供真实的情境。一方面能够激发学习者的学习动机，使学习者产生学习需求，驱动学习者主动学习、积极探究；另一方面能够增强知识运用的情境性，有助于学习者完成知识的意义建构，实现知识的有效迁移。在教学设计程序的开发中，利用多媒体图、文、声、像并茂的优势，根据学习内容，将各种媒体资源有机整合，创设多媒体的直观情境，激发学生的学习兴趣。我们可以利用学生的好奇心和问题的导向功能，巧妙地设置引人注意和思考的问题，调动学生探究发现的积极性，引导他们主动寻求解决问题的方法。我们可以利用虚拟现实仿真技术，创设接近真实的在线实验情境，让学生在虚拟的实验情境中，完成实验操作和数据分析，培养学生科学研究的态度和能力。

（2）学生作为认知主体的体现

建构主义学习理论认为学生不是知识的被动接受者，不是被灌输的对象，而是信息加工的主体，在学习过程中发挥认知主体的作用。在教学设计程序的开发中，不能仅仅注重知识内容的呈现，更重要的是强调学生在进行学习的过程中认知主体的体现。教学程序中既要为学习者开辟自主学习的空间，又要为学习者之间的协作交流创造条件。

①自主学习的设计

在教学程序中，根据学习内容的特点，设计多种自主学习策略，提供各种符合学科特点的认知工具，引导学习者自主完成知识的意义建构。设计层次分明、难度适宜的测试题，供学习者在学习的过程中进行自我评价，并根据学习者的作答情况及时给出适应性的反馈和建议。

②协作学习的设计

协作学习不仅能够提高学生创新思维和发散思维能力，而且有利于培养学生人际交往的能力和团队精神。适当的协作学习任务（问题）和便利的通信工具是实现在线协作的前提。在教学程序的开发中，根据学习内容，设置学习者感兴趣的问题，激发学习者的协作动机，促使学习者积极参与讨论；提供各种协作工具（电子公告板、聊天室、电子邮件和协作学习平台等），便于学习者以问题讨论的形式进行在线交流和协商。

（3）教师作为主导作用的体现

建构主义学习理论强调在教学过程中教师主导作用的发挥。教师不再是知识的传授者和灌输者，而是学生进行意义建构的帮助者和促进者。在教学程序的开发中，我们可以从以下三种途径实现教师的主导作用：

①设计教学策略帮助学习者实现知识的意义建构

一门课程要引起学生的兴趣，促使学生积极地投入，除了课程内容本身的丰富精彩，更重要的是教师灵活而巧妙地设置各种不同的激励策略和教学策略。从多种角度激发学习者的学习动机，为学习者提供个性化的学习指导，从而更好地发挥学习者主人翁的精神，自主完成知识的意义建构。在教学程序中，教师可以在每个章节内容的学习前，针对本章节的具体学习内容，设计情感激励、问题诱导、任务驱动等动机激发策略，提供可行的学习建议和指导，帮助学习者进行学习导读；教师还可以针对每个章节内容的重难点，设计"支架式策略""抛锚式策略""随机进入式策略"等自主学习策略，提供大量多媒体资源和其他网络资源，引导学习者更好地理解掌握学习内容。

②引导和监控学习过程

为了保证学习的顺利进行，教师的适时引导是必不可少的。在教学中，学生的自主学习和协作学习都离不开教师的引导。

教师可以借助人工智能技术，设计专家系统或者伙伴助手，对学习者实现在线的个性化学习指导。还可以开辟教师的答疑空间，学生在完成单元内容或课程内容的学习以后，如果有困惑，或者是难以解决的问题，可以通过电子邮件的形式发送请求，实现异步交流。同时，也可以通过论坛的形式在线咨询，实现同步交互。

③设计学习评价

在教学中，教师根据课程教学目标的要求，设计大量不同类型和层次的测试题，学习者可以在线进行自我测试，并依据反馈信息检验自己的学习是否达到学习目标的要求；教师还可以设置综合性强，且与课程内容相关的实际问题或任务，让学习者通过设计问题解决方案、创作作品、设计实验操作等实践活动，检验学生综合运用知识的能力。

（三）多元智能理论

1. 多元智能理论有助于形成正确的智力观

真正有效的教育必须认识到智力的广泛性和多样性，并使培养和发展学生的各方面的能力占有同等重要的地位。

2. 多元智能理论有助于转变我们的教学观

我国传统的教学基本上以"教师讲，学生听"为主要形式，辅之以枯燥乏味的"题海战术"，而忽视了不同学科或能力之间在认知活动和方式上的差异。多元智能理论认为，每个人都不同程度地拥有相对独立的八种智力，而且每种智力有其独特的认知发展过程和符号系统。因此，教学方法和手段就应该根据教学对象和教学内容而灵活多样，因材施教。

3. 多元智能理论有助于形成正确的评价观

多元智能理论对传统的标准化智力测验和学生成绩考查提出了严厉的批评。传统的智力测验过分强调语言和数理逻辑方面的能力，只采用纸笔测试的方式，过分强调死记硬背的知识，缺乏对学生理解能力、动手能力、应用能力和创造能力的客观考核。因此，传统的智力测验是片面的、有局限的。多元智能理论认为，人的智力不是单一的能力，而是由多种能力构成。因此，高职的评价指标、评价方式也应多元化，并使高职教育从纸笔测试中解放出来，注重对不同人的不同智能的培养。

4. 多元智能理论有助于转变我们的学生观

根据多元智能理论，每个人都有其独特的智力结构和学习方法。所以，对每个学生都采取同样的教材和教法是不合理的。多元智能理论为教师们提供了一个积极乐观的学生观。即每个学生都有闪光点和可取之处，教师应从多方面去了解学生的特长，并相应地采取适合其特点的有效方法，使其特长得到充分的发挥。

5. 多元智能理论有助于形成正确的发展观

按照加德纳的观点，高职教育的宗旨应该是开发多种智能并帮助学生发现适合其智能特点的职业和业余爱好，应该让学生在接受高职教育的同时，发现自己至少有一个方面的长处，学生就会热切地追求自身内在的兴趣。

（四）素质教育理论

素质教育是指一种以提高受教育者诸方面素质为目标的教育理念，相对于应试教育而言，它重视人的思想道德素质、能力培养、个性发展、身体健康和心理健康教育。

1. 素质教育

（1）素质教育的定义

教育界对素质教育内涵的研究，由于角度不同，给"素质教育"下的定义也不尽相同。人们依据"强调点"归纳"素质教育"，强调以人的发展为出发点，同时强调人的发展和社会发展，有的把各种素质平列，有的试图划分素质层次，还有的强调通过科学途径充分发挥天赋。综观这些定义，虽然表述不一，但有着共同特点：

第一，认为素质教育是以全面提高全体学生的基本素质为根本目的的教育。

第二，认为素质教育要依据社会发展和人的发展的实际需要。

第三，在某种意义上，素质使人联想到潜能。这些定义不仅都主张充分开发智慧潜能，而且还主张个性的全面发展，重视心理素质的培养。

依据以上的分析，可以将素质教育定义为：素质教育是依据人的发展和社会发展的实际需要，以全面提高全体学生的基本素质为根本目的，以尊重学生个性，注重开发人的身心潜能，注重形成人的健全个性为根本特征的教育。

（2）素质教育的本质

第一，素质教育的目标是提高国民素质；而应试教育的目标是"为应试而教，为应试而学"，在此目标导向下，即使客观上能使部分学生的某些素质获得浅层次发展，也只能是片面的，是以牺牲其他方面发展为代价的。

第二，素质教育以提高国民素质为目标，必然要面向全体学生，面向每一位未来的国民。

第三，素质教育为了提高国民素质，强调教育者发挥创造精神，从高职实际出发设计并组织科学的教育教学活动，促进受教育者在自主活动中将外部教育影响主动内化为自己稳定的身心素质；而应试教育则使教育者跟着考试指挥棒亦步亦趋，是在教学方法上以灌输、说教、被动接受为基本特征的一种方式。

2. 实施素质教育的意义

实施素质教育是时代的呼唤，是社会发展的需要。

（1）实施素质教育是社会主义现代化建设和迎接国际竞争的迫切需要

21 世纪以来，我国的经济体制从计划经济体制转变为社会主义市场经济体制，经济增长方式从粗放型转变为集约型。我们正在实施科教兴国战略和可持续发展战略，我们要在 21 世纪激烈的国际竞争中处于战略主动地位。国民素质的提高必须依靠教育，人力资源的开发所指就是教育。这就要求我们必须优先发展教育，而且必须实施素质教育。唯有如此，才能实现发展教育的根本任务，提高民族素质。

（2）实施素质教育是迎接 21 世纪科技挑战的需要

当代科学技术发展的特点是：发展速度加快，新领域突破增多；学科高度分化而又高度综合；科学技术转化为生产力的周期大大缩短；知识信息传播超越时空。当代科学技术的飞速发展，同时也就带来了产业结构的不断调整和职业的广泛流动性。所有这些都对未来人的素质的培养和教育提出了新要求。为了更好地迎接 21 世纪科学技术和知识经济的挑战，每一个人都必须终身学习，不断调整、提高、发展自己。在终身教育观、大教育观的指导意义下，基础教育阶段具有特殊的意义，每一个人在基础教育阶段都要打好基础，养成基本素质，学会学习，学会自主地发展自己。

（3）实施素质教育既是社会的要求，又是教育领域自身的要求

终身教育是我们打开 21 世纪大门的一把钥匙。终身教育概念起初应用于成人教育，后来逐步应用于职业教育，现在则包括整个教育过程和个性发展的各个

方面。应试教育的倾向不能适应时代的需要，实施素质教育也正是在克服应试教育倾向中逐步明确、逐步提出的基础教育改革课题。素质教育是我们时代和社会的需要，是我们基础教育改革的时代主题，也是我们克服应试教育影响的总对策。

四、信息化教学环境

（一）环境与信息化教学环境

环境一词的通常含义是"直接或间接影响个体的形成和发展的全部外在因素。"环境包括自然环境和社会环境。一般生物的环境是由纯粹的自然存在物构成的，这种纯粹的自然环境是人与动物共有的环境，是人与动物生存的基础，离开了它，人和动物都不能生存下去。然而，自然环境毕竟只是人类生存和发展的一个基础，真正给人的身心发展以巨大影响的是社会环境。社会环境是人类社会所特有的环境，它由人生活于其中的各种社会条件、社会关系、社会意识形态以及经过改造的自然等因素构成。社会环境决定着人的社会化程度，决定着人身心发展的内容、方向和水平。

教学环境则是指教学要素存在于其中，并能影响受教育者发展的一切外部条件的综合。它有广义和狭义之分。从广义上说，社会政治经济制度、科学技术发展水平、社区文化、家庭条件以及亲朋邻里等，都属于教学环境，因为所有这些在某种程度上都制约和影响着教学活动的成效；从狭义上说，即定向于高职教学活动而言，主要是指高职教学活动的时空条件、各种教学设施、教学设备、校风、班风、师生关系、心理环境等。

随着教育信息化的发展，教育环境发生了很大的改变，教育环境从传统课堂发展到信息技术应用空间，形成了信息化教学环境。信息化教学环境可以理解为在教与学的实践活动中，所涉及的系统化的信息技术设施、布局、应用条件等，即实现教学信息呈现与教学资源共享、有利于学生主动参与和协作讨论、有利于信息反馈和教师调控的现代化教学环境。随着多媒体技术和网络技术的发展以及校园网络的逐渐普及，高职的信息化教学环境大为改善，为教师运用现代教育理论、教学模式和教学方法提供了优良的支持平台，十分有利于高素质、创造性人才的培育与成长。

信息化教学环境，可以理解为在教与学的实践活动中，所涉及的系统化的信息技术设施与条件，即实现教学信息呈现与教学资源共享、有利于学生主动参与和协作讨论、有利于信息反馈和教师调控的现代化教学环境。

高职现代教育技术环境是指高职教学活动周围的现代教育技术条件。并且高职现代教育技术条件应包括以下几个重要方面：现代学习资源设计、开发的条件，现代学习资源利用的条件，现代学习过程设计、开发与利用的条件，学习过程和学习资源的现代管理与评估条件。

（二）信息化教学环境的作用

教育技术是关于学习过程与学习资源的设计、开发、利用、管理和评价的理论与实践的定义，信息化教学环境应该是为实现学习过程与学习资源的设计、开发、利用、管理、评价提供支持的外部因素，信息素养对学生的信息意识、信息能力、信息道德、实践能力、创新能力提出了要求。为此，信息化教学环境应该是能满足培养学生的信息素养，同时应能起到如下作用：

第一，提供现代学习资源设计、开发的条件。现代学习资源主要是指幻灯、投影、录音、电影、电视、计算机等现代教学媒体，包括硬件和软件。至于这些现代教学媒体的设计、开发，应该设立专门的研究与生产部门去进行，但在一些高职，应该具备部分现代教育媒体设计与开发的条件，如幻灯投影教材、录音教材、录像教材、计算机课件等的设计与开发条件。

第二，提供现代学习资源利用的条件。高职应为多种多样的现代教学媒体运用于教学活动提供条件。这是信息化教学环境建设的重点，它的建设范围渗透到校园教学环境的各个方面。如在校园环境中，有校园的信息网络，以实现信息资源的共享与利用；在教室环境中有多种媒体组合的课堂教学环境；在图书馆环境中有视听阅览室；在实验室、实践基地环境中充分利用现代媒体技术强化教学活动的功能；在社会与家庭环境中通过建立信息网络控制与利用各类信息去提高教学活动的质量与水平等。

第三，提供现代学习过程设计、开发与利用的条件。现代学习过程是指在现代教育思想与理论指导下，运用现代教育媒体去开展的学习进程结构。从另一角度被称为新型的教学模式。信息化教学环境要为创建现代学习过程或新型的教学模式创造条件。

第四，提供学习过程和学习资源的现代管理与评估条件。包括应用现代科学理论与技术成果，建立高职教学信息管理，如教育电视监控、计算机教学管理、校长办公室教学管理等；学习资源检索与管理，以及教学信息的反馈分析和学生考试评分等。

信息化教学环境仅是高职教学环境的一部分，也是在教育现代化进程中，需要加速建设的部分。因此它的建设必须与一般的教学环境建设密切结合为有机的整体，才能充分发挥其在教学活动中的功能与作用。另一方面，信息化教学环境，在高职中是一个独立的环境体系，但它必须依赖全国性和地区性信息化教学环境，与它密切联系、相互补充，才能发挥更大的功能与作用。

（三）信息化教学环境建设的功能要求

对教育技术教学环境的功能基本要求是：

第一，有利于开展多种媒体组合教学。如多媒体综合教室，将传统的黑板（白板）和多种现代媒体如幻灯、投影、录音、录像、影碟、多媒体计算机等组合成一个有机系统。大大方便了教师开展多媒体组合教学。

第二，有利于教师对教学过程的调控。这意味着在教学中教师能方便地动手去操作各种媒体，又能方便地取得学生的学习信息去调控整个教学进程。

第三，有利于学生的积极参与和学习主体作用的充分发挥。使学生能利用多种感官，主动获取信息，加工信息，形成自身的知识结构与能力。

第四，有利于开展个别化学习。这意味着提供学习资源的数量要多，传输技术要先进，以便学生根据自身需求进行有效的个别化学习。

第五，有利于多种学习资源的利用和资源的共享。这意味着要建立高职的学习资源中心和信息传输网络，达到资源的共享和充分利用。

高职建设的教育技术教学环境，在建设中必须结合实际，讲求效益。结合实际，是指教育技术教学环境建设必须根据教学的实际需要和可以投入经费能力的实际。我国地域广阔，经济发展差异很大，各地的教育经费投入也受多种因素制约，因此教育环境建设必须考虑自身的经济能力，从实际出发，去建设合适的项目。讲求效益，是指信息化教学环境必须得到充分利用，用出效果，不能只作摆设，成为参观活动的展品，应付评比。同样教学功能的环境应采用最节省经费的方案，提高功能价格的比值。

第二节　高职教育中信息化教学的应用

21 世纪，信息资源已成为社会主导，教育改革带来了它的历史性跨越。近年来，随着中国职业教育的蓬勃发展，培养了一大批生产、建设、管理、服务一线需要的高技能人才，为现代教育做出了重要的贡献，并为促进中国特色社会主义现代化建设的发展发挥了不可替代的作用。随着中国经济的不断提高，对高技能人才的要求也逐步加大，高职教育信息化教学面临着巨大的发展机遇，但也面临着严峻的挑战。高职院校是实施信息技术教育的坚实基础，而社会教学也势在必行，以提高学生的信息素养以及社会适应能力，教育学生树立终身学习的理念，提高学习能力，学会交流和具备团队合作精神，提高学生的实践能力、创新能力、就业能力和创业能力，所以在 21 世纪，对于高职院校信息化教学资源的建设也是信息化技术的一个重要组成部分，它对培养学生道德、物理、美感等全面发展的新世纪建设者和接班人将起到举足轻重的作用。

一、高职院校的信息化教学资源

(一) 高职院校信息化教学资源建设的意义

高职院校职业教育的目标是培养学生成为"生产、建设、服务和管理需要的高技能一线人才"，使他们成为组织、管理、生产的高新技术人员，能够操作、调试及维护高新技术设备，解决生产过程中的高技术实践问题；高职教育的特点是突出"能力"本位；职业教育的本质是培养学生的创新能力和创新精神。因此，信息化教学是信息时代高职院校发展的必然趋势。

信息技术教学是教学资源利用的必然途径。教学可以使整个教学过程中的信息资源实现高效实时共享和科学管理，最终提高整体教学水平。教学资源的信息化建设将成为衡量信息技术发展很重要的一方面。

信息技术教学是提高教学管理人员素质的重要途径。在教学中，多个管理人员可以通过网络媒体有效地交流和沟通，具有方便、快速、灵活和动态的交互功能等，所以教职人员需要把握现代教学管理技能，提高整体素质，更好地为教学服务。从这个角度来看，我们的信息化教学资源的建设也将迫在眉睫。把教学资源整体信息化，对某个学院甚至整个专业的课程教学都会有很大帮助，所以高职院校的信息化资源建设显得尤为重要。

（二）高职院校信息化教学资源建设改革的策略和方针

以信息技术为指导，改变传统的教学管理思想。信息化教学是指在教学过程中，用现代信息技术来促进教育改革和发展。各高职院校领导应转变观念，认真学习和熟练掌握网络信息技术并应用于教学活动中，加强教育信息化的领导是信息化教学的重要环节。

切实加大教学中硬件和软件的投入，以改善现有的设施来满足信息化教学资源建设发展的需要。高职领导应积极参与创建信息技术教学的必要条件，加强教师和教学管理的技术培训，鼓励教师采取多种教学模式，在信息技术条件下采用教学呈现，使用条件模拟展示，互动视频，采用多媒体课件进行教学。同时依托信息化技术平台，对教学大纲、课程和教材信息、教师和学生信息等教学管理信息进行整合，建立科学合理的学习管理系统，促进高职信息化教学管理的发展，建立完整的信息化教学资源体系。

提高信息技术教学管理队伍的整体素质，增强团队的凝聚力，同时加强主要管理人员和骨干教师的管理，防止人才流失。教师是建立教学资源管理的核心部分，高职院校应注重教师的"双师型"结构的建设，加强专兼结合的专业教学团队建设来适应人才培养模式改革的需要。教师应树立现代化教育观念，注重加强自身素质的提高，教学中多采用新技术开发课件；教学管理人员应掌握信息技术并应用于教学管理过程中。这不仅节省时间和资源，而且还可以提高教学管理的效率与质量，为高职管理的科学化、规范化、信息化、技术化提供了强有力的支持。只有对信息化教学资源的管理更规范、更科学，才能更有力地为信息技术教学提供强有力的保障。

加强和培养学生树立现代学习观念，引导和培养学生形成自主学习、自主通过现代网络信息平台获取信息的习惯。教育学生树立终身学习的理念，提高学习能力，学会交流和团队合作，提高学生的实践能力、创新能力、就业能力和创业能力。鼓励学生使用信息化资源，把网络上的学习信息最终转化为自己的知识体系，才能真正为以后的学习和工作打下坚实的基础，把学会利用信息化资源作为一种技能来培养。

二、高职院校课堂信息化教学的改良

（一）高职院校课堂信息化教学改良的原则

具体而言，在高职院校课堂中的信息化教学建设过程中应遵循以下原则：

1. 理论性原则

课堂教学进行信息化改革后教学资源的本质并不改变，教育的目的仍然是为社会培养技术型人才。教学的内容要明确学生所要学习的技能是什么，同时教师所教授的知识技能应当满足社会的用工需求。理论性的知识在教学过程中是必不可少的，也是所有学科的基础。

2. 实践性原则

高职院校对于人才的培养，更多的是培养具有实践能力，能够独立完成某项技术工作的人才，因此在进行理论教学之后，更重要的是对学生进行实践能力的培养。信息化课堂教学的实践性，就是通过课堂上的实操过程，让学生直观地了解到所学知识的应用方法。

3. 交互性原则

高职院校信息化课堂教学的建设，更加注重学生与教师之间的交互性，打破传统模式下教师只是教的模式，教师在课堂上只是辅助学生学习，学习的主体是学生，教师的主要作用是鼓励学生积极利用一切可利用的资源，特别是网络资源进行学习，教师只是提供适当的帮助。教师可以面对面地进行学习指导，也可以通过网络在线的形式为学生进行答疑解惑。

4. 动态生成性原则

信息化课堂教学的目的是要让学生能够主动地去学习，而这就需要高职院校在进行信息化课堂教学建设时考虑到课程的动态生成性原则。学生通过教师的引导，主动地去探寻课程的知识，利用自己已有的知识来完善整体的知识架构，并从中体会到自主学习的乐趣，以激发学生更大的学习热情。

5. 互补性原则

课程学习的内容是多样的，那么课程的呈现方式也应该是多种多样的，利用声音、光、电等不同的表现形式使课程变得有趣生动，从而弥补课程本身的枯燥性。在教学过程中，教师要以课堂讲解和自主学习相结合、相补充的方式进行，在课后，学生也可以通过网络，搜索更多的课业资源来对课上的内容进行补充。

6. 学生中心原则

无论是传统的教学模式还是新型的信息化教学模式。学习的主体都是学生，课程的设计要体现以学生为中心的原则，信息化课堂教学的建设也应有学生参与其中，这样的设计更能贴合学生的自身特点，对提高教学质量和教学效率有着重要的指导意义。

7. 立体化原则

高职院校课堂信息化教学的建设，其主要目的是满足不同层次学生的学习需求，不仅包含不同水平的学生，更要针对学生不同阶段的学习需求进行设计。教师的教学方式要遵循立体化的原则，使课堂教学的形式日渐丰满起来，在注重教学细节的同时，完成相应的教学目标。

（二）高职院校课堂信息化教学改良的重点

1. 提高教师对信息化教学理念的理解

高职院校需要通过利用信息化教学，把现代化和信息化的优势充分应用到教育教学工作中去，必须提高教师对信息化教学理念的理解，让一线教师从内心感受到现代化和信息化融入教学工作中的明显优势。只有教师切身体会到其中的好处，教师才会自发地把信息化教学应用到教学工作中去。

高职同时应该成立专门的信息化教育推广机构，对广大教师进行培训，不断地引导教师改变传统的教学模式，不断提升信息技术的运用能力，调整教学方法。同时，结合高职自身特点，制定相应的规章制度，推进信息化教学的普及工作。

2. 加强学习资源共享建设

加强对高职网络教育资源的统筹、协调和管理。随着网络的发展，相对于教材、图书等纸质资料，电子版、音像等教学资源更加方便，快捷。建立专门的教育信息化教学资源共享平台，针对各学科、各专业的教育资源进行归类、整理、加工，提供权威的教学信息资源，将教师的智慧以电子版的形式进行师生共享，方便教师及学生进行查找、搜寻相关的资料。

3. 建立完善的信息化教学激励机制

应当建立完善的激励机制，进一步激发教师的创新热情和对信息化教学的创造能力，保证信息化教学能够长久高效地开展。激励方式主要包括两方面，一是可以通过物质奖励、荣誉称号、年度考核、晋升、评优等方式进行鼓励；二是通过开展一些竞赛活动，营造良好的教育教学气氛，调动教师对信息化教学的学习热情，使教师真正地把信息化教学融入教学工作中去，不断改进传统的教学模式。

4. 建立完善的学生反馈信息平台

信息化教学是以学生为主体、教师为主导的教学模式。在教学过程中，尤其是信息化教学初级阶段，应该及时反馈学生的学习状况及学习中遇到的问题。教师也能通过反馈的信息及时知道自身哪里讲得不清楚，学生不容易理解的知识点，及时和学生进行沟通，从而从根本上发挥学生自主、有效的学习。学生也能通过所学的知识和老师的讲解进行系统的融合，反思自己在学习过程中存在的问题，不断提高自己的学习能力。

三、高职院校课堂信息化教学发展策略

（一）教学方法与过程建设

我国自古就崇尚"因材施教"的教育方式，信息化课堂的建设，使得此种教育方式变为可能。高职院校课堂中信息化教学方法的运用，使得师生之间、生生之间的沟通学习变得更加便利，交互性更强。教学方式不再是传统的"填鸭式"，学生的学习和交流破除了时间和空间的限制，虽然学生的学习状态和学习能力存在差异，但是通过信息化课堂教学，足以满足不同层次的学生的学习需求。随着立体化网络教学方式的逐步推广，教师的教学任务也逐渐加剧，教师在教学过程中要先于学生对网络进行熟练地使用，并将传统的课堂通过改编使其适合网络教学模式，以保证教学过程的顺利进行。保证良好的教学氛围，在新环境下的教学中尤为重要，唯有创造轻松、有趣的教学环境，才能使信息化教学资源得以有效利用。

（二）教学内容组织

高职院校信息化教学模式逐步推行的过程中，涌现出一系列问题，目前在信息化课堂中主要存在的问题有以下几点：第一，教学的主体是学生，但教师在课程内容设计上往往会忽视这一点，使学生丧失了自主学习的机会；第二，部分课程内容设计上没有考虑到高职院校学生的自身特点，学生不能适应；第三，课堂

设计应当注重理论与实践相结合，在了解理论的基础上多进行实践，目前来说，课程中实践的部分过少；第四，虽然采用了信息化教学模式，但是对于课程内容的更新仍需加强，教师教授的内容过于陈旧，不能展现行业的前沿信息；第五，课程中虽然加入了互动交流的部分，但是没有真正起到设计的作用；第六，对课业的评价仍旧只注重结果，课程学习过程的评价还有待加强；第七，对于学习方式的设计，虽然有了大体的形状，但是没能体现出信息化教学的精髓，对于新型教学方法的运用还有待加强；第八，课堂中网络信息的优势被埋没，课程设计中虽有涉及但只停留在皮毛部分，对于网络的运用还需进一步提高。

对于上述网络教学模式目前所存在的问题，人们从不同方面对其进行了分析并提出了相应的解决措施，以期能加快实现高职院校信息化教学内容的立体化建设。具体的解决方案如下：

1. 教学目标

在信息化教学的建设过程中，课堂教学目标的确立是十分关键的。课程的设计首先要有明确的教学目标，而且教学目标不能仅停留在理论阐述的层面，还要将其与教学实践相结合，根据现代教育理论中对知识、技能、情感态度价值观的要求，制定切实可行的教学目标，并通过教学目标逐步开展教学工作。由此一来，教师的课堂教学也更容易开展，有的放矢。

2. 思维点拨

在课堂教学中，不管是以前传统的教学方式，还是现如今信息化的课堂教学方式，教师对学生的引导都是必不可少的。思维点拨即可看作是教师在教学过程中对学生学习上问题的引导，是教师在学生对提出的问题无法回答时进行的指导过程。信息化课堂教学与传统教学的不同之处在于，教师要做的是只对学生进行思维点拨而不是代替学生思考，将思考回答问题的权利还给学生。在学生回答不出问题的情况下，教师应通过各种方式方法引导学生借助网络、书籍或是小组讨论的方式得到个人的见解，从而得到问题的答案。

3. 知识构架

在课堂学习中，一节课的内容往往有很多，而以往的教学方式中，课上教学只是简单的知识堆积，学生理解记忆起来有困难，也不便于复习。信息化课堂教学内容中很重要的一点是建立起知识构架，在便于学生理解记忆的同时，也有助于学生在课外进行自主学习，从而能够提高学生的学习效率，达到理想的学习效果。

4. 资源开发

信息化课堂教学建设的目的是要培养学生自主学习的能力，而要做到自主学习，学生在学习过程中就要主动地去发掘与课程内容相关的知识，举一反三，用已学知识拓展到更广的知识面。教师在教学过程中进行"资源开发"的设计，就是帮助学生对所学的知识进行拓展，利用网络搜索更多的学习资源，可以是素材库也可以是网络课程。

5. 三维评价

信息化课堂教学建设要求对学生和教师的评价包含过程性评价和结果性评价两方面，这两方面又是分别来自学生、教师和其他团队成员的综合评价，概括来讲就是"三维评价"。三维评价注重的是学生的综合评价，而不只看重学生的分数成绩，对学生学习过程的评价是很重要的一部分。对于学生的学习过程进行考评，可以有针对性地对其今后的学习情况提出建设性的意见，对指导学生未来的发展有着较强的现实意义。

（三）媒体资源建设

信息化课堂教学在信息化的基础上构建起教学资源库，以方便教师在教学过程中搜集课程资料，而教师在课程教学过程中用以教学内容展现的方式又是多种多样的。目前，教师教学最常见的教学形式是以 PPT 课件的形式进行授课，另外还有影视资料、图片资料、实物模型等资源可供选择。不管是影视资料，还是PPT 课件、图片资料等这些都可以在线与学生进行交流分享，通过网络进行连接，不仅方便教师对资料进行管理，也为学生在课下的学习提供了便利。信息化课堂教学主要以媒体教学资源为主，而媒体教学资源又有着多种形式：

1. 电子教材

在新型授课模式下，以电子设备为载体的课件教材越来越为学生所接受。智能手机、电子设备等的更新换代越来越快，设备的功能也越来越强大，因此电子教材正逐渐替代了传统的纸质教材，所以，高职院校信息化课堂教学的建设要建立起合理的电子教材库，以供学生自主学习时下载使用。

2. 电子教案

相对于电子教材，电子教案也是一项必不可少的存在。教案是教师进行课业传授的依据，随着课堂信息化进程的推进，传统的纸质教案也在逐步进化为电子教案。电子教案在教师教学过程中的便利性自不必说，其形象生动的展现方式也深受学生的喜爱。电子教案的使用使得教师的教学变得简洁明了，但是电子教案也并不是完美无瑕的，其产生的教学成本较大，教学手段也比较单一，对于电子教案的使用还需进一步完善，以便满足学生的需求，符合教学大纲的要求。

3. 电子课件

教师制作课件是为了能更形象生动地展示课堂上所要呈现的课业内容。课件的制作有专门的软件进行，教师需要有一定的计算机基础才能很好地运用课件来完成教学内容。在制作教学课件时，可以插入到仿真技术、动画、视频等手段中。在应用过程中，设计和制造尤为重要。微课视频生产的存在方式有四种：一是用专业的相机、DV、手机等工具拍摄；二是采用一些专业的视频录制工具进行视频的录制与编辑；三是由 PowerPoint、AbodeFlash 等软件进行视频的录制与剪辑；四是多种工具一起使用，如使用专业摄影机来进行视频的录制和剪辑编辑。这个教学示范，可以有效地促进学生理解抽象的概念和原则，尤其是对于技术知识方面，更有助于提高教学效果。视频、动画、仿真技术的使用，不仅能使教师在教学过程中花费更多的时间去满足学生的个性化需求，还能让学生对知识点更加深入地学习，从而达到更加高效的目的。值得注意的是，在视频播放过程中，教师要在适当的时间针对视频中所提到的知识点加以讲解并提出问题，再给予学生充足的时间对问题进行讨论，让学生能够在相互交流中独立完成课堂任务。

教师所担任的不再是知识的搬运者，而是学生思维的开发者，让学生在学习生活中变得更有自主性、独立性与创新性。这也是适合时代发展的一种新型的教学模式。

四、高职院校课堂信息化教学的具体实施

（一）针对高职教育特点，筛选信息化教学资源

高职技术教育与其他高等院校在教育方面有着不同的特点：

第一，高职院校培养目标是培养技术型人才，学生在毕业步入社会时都应具有相应专业的实践能力。在具备所学专业的理论知识之外，更重要的是能够在岗位上解决实际的生产、服务或者管理一线的实际问题。高职院校在人才培养方面

更注重学生实际解决问题的能力，而不只是简单的对专业有所了解。高职院校人才是具有实操经验的、工作组织能力较强的多面型人才。

第二，高职教育培养手段多种多样。高职教育培育出的人才都是实战型人才，因此在教学过程中，除了理论知识的传授，教师更多地会带领学生进行大量的实习和实践活动。在高职院校短短三年的学习时间里，教师需要通过不同的教学方式，让学生全方位地了解自己所学的专业。而了解的最好办法就是去到工作的一线岗位，切实地亲身体验一下。当然，不同的课程，不同的教师，其教学方式也不尽相同。目前，在课堂信息化教学建设逐步推进的情形下，教学手段更多地采用了现代化的计算机技术和多媒体技术等。比如当下比较流行的"微课"。微课是信息技术化时代，利用互联网传播零散知识信息的一种新模式，在现在的高职院校中，不论什么专业，学生需要掌握的知识点都是非常零散而繁重的，通过微课这样一种方式。对不同的知识点进行拼凑与梳理，学生可以在不同的时间、地点进行解惑，学习也不再是固定、僵化的模式，而是无处不在的学习，这对传统教学模式就是一种挑战。采取微课这一新型信息化资源，能够通过变化学习方式，以蜘蛛网的形式来构建知识框架，让学生能够自主学习，通过培养自己的兴趣爱好来构建自己的学习模式。

高职院校对高职课堂教学信息化建设，除了提供专业的"必需、够用"的学习资源，更重要的是为学生形成资源型学习模式和掌握技能的应用做准备，如虚拟实验场景视频和现场操作视频，以及动态的最前沿的相关专业技术等。总之，高职学生"零距离"就业岗位的目标，信息化课堂教学资源的建设，高职院校必须紧密结合高职教育的特点，发挥其在高职教育中的作用，促进高职院校学生就业。

（二）信息化教学过程优化使教学课程立体化

第一，从系统方法的角度，认识高职院校的信息化课堂教学的开发和利用。对高职院校的信息化课堂教学的设计、实施方案，采取宏观调控的方式，以达到准确的步骤、操作标准和相应的规范，以保证资源的整体质量。从高职信息技术教学的发展和利用的广度、深度和高度，探讨高职院校课堂教学的信息化建设和使用中的技术选择并具体实施。

第二，从内容体系的高度，对高职院校信息化课堂数字教学方案进行改进。教师和学生的角色定位在数字和网络化的教学环境中已经完全改变。高等教育教学内容体系建设的指导思想影响着教学资源的选择。所以在对信息化教学资源和高职教育体系的内容选择的同时，还要对学习过程的反应的关注，让知识管理理论作为指导思想，使学生和学科建设的后现代课程观、对话理论和现代教育理念得到充分改进，这充分体现了资源内容设计的每一个环节中。

第三，重视高职院校信息化课堂教学的情感互动。目前，大多数网络教学资源建设过于强调知识的交互设计，忽略了情感互动。纯粹的知识现状，学生容易倦怠。以学生为中心的教学信息，应充分调动学生的积极情绪和情感体验，这样才能促使学生不断地学习，积极参与学习过程。比如信息技术的课堂教学过程中可使用微信这个新形式的媒体，通过公众平台给学生更多的互动体验，通过微信公众平台后台响应和学生进行实时沟通，鼓励学生树立信心，积极探索；让学习过程中的情感交互得以实现。把微信公众平台这样相对私密的平台，课堂上出现的问题"私下"处理，这不仅照顾到学生的隐私，并且可以更好地与学生进行沟通。这是在科学、合理地组织教学内容和设计的同时，对学生的情感进行启示，保持其主动学习的状态，这样才能将教学称为高质量的教学。

（三）实训视频实时交互，增强课堂教学互动性

高职院校三维网络教学资源建设的目的是有效地辅助课堂教师教学，促进学生的学习。基于主题教学视频的实践，为教学的实施和学生自主学习的发展都能够起到很好的促进作用。而将传统的实训视频变为可以进行实时交互的实训视频，更提高了课堂教学的互动性，也为校企合作、社会资源共享打下了基础，不失为一种有效的方法。

1. 实训视频使信息化课堂教学更具专业性

高职院校的课程开设是根据专业的不同而分门别类进行设置的，在进行课堂信息化教学建设时，专业课教师可以通过网络对于专业知识的重点和难点找到相应的实训视频，通过视频对学生进行讲述。在对学生进行答疑解惑时也能更具有针对性和适用性，另外，包括在备课阶段选择辅助学生学习的资料时，也能更准确地挑选一些实用性的视频资源或是图片资源等。

2. 实训视频资料对立体化网络教学的意义

视频教学是一种非常直观的学科知识教授形式，特别是对于高职院校的学生来说，多数的专业技能需要不断地与实际相联系才能得以掌握。实训视频的建设，是学生学习本专业相关技能时一种简单有效的教学方式，对于一些无法通过

语言表达的实际经验，实训视频的存在无疑解决了这一难题，对于提高网络教学的学习效率有着功不可没的贡献。

3. 实训视频建设有利于立体化网络教学资源环境的建设

实训视屏摒弃了以往视频和内容的训练周期建设模式，而采取了应用聊天软件平台进行实时实训教学的模式，学生在实训教室中，手边就是实训设备，同时与视频中的企业工程师或其他院校的教师等进行实时互动，遇到问题及时解决，碰到困难当场讲解，真正实现了高职院校立体化网络教学资源的建设，达到了根据需求去完善现有应用建设的目的。

（四）网络教学资源有偿共享商业化运营

为了适应未来的教育可持续发展和教学社会化的需要，适当地进行教学资源共享是符合当代教育发展趋势的，也能够促进全民教学信息化的发展。共享并不意味着完全免费、资源共享，为实现教育公平和教育社会化的目的，共享大范围，是所有资源共建共享的一个突出特点。

基于实训视频设计，将授课的实时视频进行录屏，并针对不同专业建立微信、QQ 讨论群，通过有偿入群、资源共享的方式进行教学资源的有偿共享。这一商业化运营模式虽然还处于试行阶段，相信在形成规模后不仅可以突破传统的政府补贴措施，充分吸纳资金，减少各界对教育教学发展的压力，这也是高职院校信息化教学课堂引入市场化的运作机制，实现高职院校的课堂教学与社会其他教学相关资源的置换。

在进一步的设计中，信息资源共享的有偿模式将根据市场需要，与其他学院和高职、企业和单位进行教学课程的有偿共享；这也从另一方面提高了教师这一主体在高职院校的课堂教学上设计的积极性和主动性，提高了课堂参与者对课程价值的重视程度，实现了信息化教学资源投资收入与回收建设，高职院校信息资源有偿共享有助于三维立体的后续网络教学资源的建设和维护，实现高职院校网络教学资源的可持续发展，通过提高经济效益来促进科研成果的转化价值。

（五）多方合作培养创新型人才

在我国合作建设和三维计算机网络教学资源建设共享机制的高职院校中，通过充分调动企业资源，建立合作培养人才，是一个重要的视角。充分利用企业人才，是校企合作资源共建共享模式的一大亮点，这一模式既符合我国经济社会发展需求，也能够很好的切合高职、社会的实际需求，一方面能够有效促进社会教育资源的整合，另一方面社会资源又能加剧课堂网络教学资源平台的扩大，从而提高高职教学资源的利用效率。

研究信息化教学方法就是为了培养国家所需要的创新型人才，实现高职教育真正的现代化，一切信息化教学方法的研究、设计和应用都是围绕着这一核心而进行的。信息化的教学方法不应仅仅停留在多媒体设备的应用上，还应体现在教学技术的与时俱进、教育思想和教学理念的现代化上，唯有不断地改进思想、实事求是，发动社会多方面力量，才能够满足社会对新型人才的需求，提高高职教育的信息化水平，创造出国家需要的高素质创新性人才。

（六）量身打造"微课"，充分利用信息资源

微课以建构主义为指导思想，以明确精简的主题为内容，微课的出现符合移动互联网时代的特征，它为高职学生在线学习提供了平台。微课的短小精干符合网络学习者碎片式学习习惯，这种网络教学模式和手机终端、电脑终端等电子设备终端进行有机结合，就能够使得学生获取更多的信息资源。

为了让学生把微课更好地应用在"互联网+教育"模式下的移动学习当中，通过校内微课的推广应用以及学生反馈的问卷调查，证实了微课必须借助多种教学创新平台，才能在"互联网+教育"这样的模式下实现"微课+终端"的广泛应用。

通过对问题和实际情况的分析，我们应该采取微课与微信公众平台相结合的模式来实现微课在高职院校的推广，教师录制好微课的视频后，经过技术人员和微信公众平台管理人员的编辑并对学生进行推送。这样一来，学生不仅可以随时在手机终端上查阅微课的历史记录，还能够利用微信公众平台的回复功能与后台教师进行互动和沟通，这一设计真正解决了微课教学和手机管理中共同面临的困境，使技术教育进课堂、生活实践进课堂、创新教育进课堂的微课教学向前迈进了一大步。

同时，在微课发展及平台建设中提出以用促建，微课资源的教学应用实践是根本，微课的后续发展应呈现课程化、专题化、系列化，平台需要更强健，技术支持待完善，大赛评价机制更多元化，让高职院校的学生能够结合职业教育特点和自身发展的特点，真正做到"学中玩，玩中学"，实现乐享学习的过程。

第三节　高职教育信息化资源共建共享

一、高职信息化资源共建共享现状

高等教育信息化资源可以理解为：应用计算机技术、通信技术及网络技术等手段，以数字化形式呈现的高职教育内容及教学辅助拓展的课程资源、学习资源、信息化工具及作为技术载体的服务平台的总和。资源建设是依据用户需求，经过系统规划、设计，开发、选择、收集资源、形成资源体系的过程。共建强调的不仅是建设，而且是多方参与，才能体现"共"的含义。共建只是行为、是动作的进行，其目的在于"共享"，也就是提供资源服务。目前，我国高职信息化资源共建共享现状如下：

（一）资源数量

20 世纪 90 年代，教育信息化的概念被提出。基于高职教育的自身特点，从教育信息化的概念中引申出了高职教育信息化这一说法。最初资源的发展大致始于 20 世纪 90 年代，从计算机辅助教学（CAI）资源的建设开始的，多是简单的纸质教材或者教辅材料的电子化，类似文字教材搬家、挂图搬家。此时的资源仍是传统教学模式下以演示性为主的分散资源，对教学的作用也多为辅助作用，没有大规模进入教学的主战场——课堂应用。

20 世纪 90 年代末，资源开始形成"库"，意味着结构化资源的建设展开了。由于数据库涉及库结构的同构异构问题、接口问题，因此相应的资源库建设标准提上了研究日程。不同资源建设者必须遵循相同的建设标准，才能保障不同资源库之间实现资源共享。经过长期努力，我国已经在数字教育资源开发与应用方面取得了重要进展。开通了职业教育资源网，建立了职业教育教学资源信息库，促进了资源汇聚与共享。基础设施建设也有了长足发展。

资源海量的增长以及用户的需求日益精细化，一般的资源库已经不能满足共享的要求。随着云技术与大数据的发展，高职教育信息化资源的建设正朝着平台与公共服务体系的方向发展，Web 使资源的建设不再是单向的，而成为多向互动、生成性质为主。资源的使用者也能建设资源，共建共享、互为融合成为新趋势。

（二）网站层次

1. 国家层级网站

中国高职高专教育信息网，是一家大型的专业类网站，是国内最早专业介绍职业的发展和建设，以及专业指导职业类的门户网站，旨在引导广大学生和家长正确认识高职院校，树立高职高专院校的品牌形象。

中国高职教育网，教育部职成司高职高专处指导，中国高教学会职业技术教育分会（原中国高职技术教育研究会）主办，是一个高职教育综合类门户网站。

中国职业技术教育网，是中国首家职业技术专业网站，其通过"围绕中心、服务大局、紧贴基层"，力图以理论创新引领实践创新，把网站办成宣传职业教育大政方针的阵地，展示职业教育改革和发展成果的窗口，剖析职业教育重点难点问题的论坛，搭建职业教育有关机构沟通与交流的桥梁。

中国职业教育与成人教育网，是教育部主管、教育部职业技术教育中心研究所主办，是教育部《面向 21 世纪教育振兴计划》中"现代远程职业教育与成人教育资源建设"项目的重要组成部分，也是教育部教育信息化建设规划的一个重要内容。

2. 行业、院校层级网站

目前，国家有上千所高职院校，其中有上百所示范性院校，分布在 31 个省（自治区、直辖市），行业范围覆盖农、林、牧、渔等大类。这些院校基本实现了网络全覆盖，大部分都建有本校的校园网，少部分城市与局域网互联。网站实现了综合信息发布、资源目录搜索等基本门户功能。

（三）不同层级资源网络的横向沟通方式

信息的任何组织与传播的管理，都是与信息沟通分不开的。法约尔的跳板理论说明了工作效率和顺序优先时，管理和层级顺序之间的横向沟通，更能完善信息协调。因此信息交流可以克服层级顺序纵向沟通的低效，通过横向直接接触，加快信息沟通的速度；更好地促进各部门之间的相互合作与协作。

具体到不同层级的高职教育信息化网站中，根据沟通主体是否来自同一部门可分为：同一部门内的横向沟通、不同部门间的横向沟通（部门管理者间的沟通、部门管理者和其他部门员工之间的沟通、不同部门员工间的沟通）。根据沟通主体是否来自同一管理阶层可分为：同一层次中成员间的横向沟通、处于不同层次的没有隶属关系的成员间的交叉沟通。主要采取的沟通方式有决策、咨询会议、备忘录、技术链接等。

二、高职院校教育信息化资源共建共享模式及对策

建设资源是职业教育信息化的核心，是信息技术应用的灵魂，也是职业教育信息化的基本保证；建立网上学习环境，是实现信息技术的前提和基础课程整合的重要条件。优质资源共享就像信息技术手段一样，只是手段，不是目的。尤其对于我们这样拥有 1000 多所高职高专院校、高职教育招生数和在校生数均占高等教育的半壁江山的国家来说，通过政府、社会、高职、师生等多方资源共建、实现共享，推动信息技术与课程教学深度融合、实现教与学方式方法的变革、提高教与学的效率和效果，显得更为重要。只有达到深化高职教育改革的根本目的，在优化高等教育结构体系、促进高等教育大众化、培养高技能人才等方面，才能发挥出至关重要的作用。

（一）高职教育信息化资源共建共享目标

1. 总体目标

依托计算机网络和其他先进的信息技术，建立一个融信息资源共建、共享于一体的高职教育资源服务体系，促进公共信息资源共享和开发利用，提升公共服务信息化水平，最大限度地满足用户对高职教育信息资源的需求，推动高职教育信息化水平不断提升，带动高职教育现代化，为培养具有综合职业能力的、为生产和管理第一线服务的应用型、技术型人才的高素质就业者服务。

2. 共建共享的利益主体

高职教育信息化资源的建设应立足于提高全民信息化意识和素质，培养技术精湛，应用型的专业人才，使人们对终身教育、终身学习的价值诉求得到满足。作为资源的共享主体，其具体受益方式涵盖以下四类：

（1）服务于职业教育高职及管理部门

开展职业教育信息化资源共建共享以办公自动化系统、教务管理系统、网络教学系统、数字图书馆系统、一卡通系统、信息发布系统、物流服务体系的便捷服务为宗旨，加快职业教育信息资源平台、教学资源平台和交流平台建设的有序实施，智能化采集、存储、管理和检索、促进职业教育和个性化的"一站式"服务。

（2）促进高职教育教师队伍建设

通过提供丰富的资源和规范化的课程，使全国相同专业的教师找到所需，根据学情自主搭建课程、监测评价，充实课堂教学，提高教学水平和教学质量。以资源共建共享，增强高职教师的信息意识、提高教师队伍的信息技术应用能力。

（3）满足高职学生广泛的学习需求

高职教育信息化资源注重学科的专业性和实践性。通过突出特色、发挥特长，满足不同的职业领域的专业资源建设，在线完成作业和量规自测，起到有效辅助学习和提高学习效果的作用。同时适应移动通信技术的发展，建立一个移动学习平台，以满足多样化的学习需求，促进人的全面发展。

（4）服务于高职学生家长及社会企业

高职教育信息化资源共建共享的受益者还包括学生家长和社会企业，对于学生家长，可帮助其消除偏见，有效利用资源帮助孩子成长。对于社会企业，可以充分利用网络资源开展职业培训。企业职工还可以通过信息化资源，自主学习，提高职业技能与素养。

3. 具体目标

建设高职教育资源地。具体包括高职教育专业学习和社会服务资源。专业学习含有专业、课程、微课堂、培训和企业案例、资源中心等教学资源；社会服务应含有校企结合、文献信息导航和社会服务几大部分。

教育信息化公共服务平台建设的核心理念是公共服务。因此在技术的选择上，需要聚合依托先进的网络技术，多终端、广覆盖，开展高职教育资源建设，服务多元化的学习用户。真正使现代信息技术深度融入高职教育教学中，让高职师生普遍用、喜欢用。

资源信息是推动教育现代化的重要举措。在教育信息化的过程中，形成资源信息共享模式的数字化是基础。依托先进的云计算的 IT 专业资源，整合职业教育以及培养学生的道德和其他资源投入到数字资源库，有利于对学生的全面教育和培训，能更有效地服务于今天的高职学生和教师。

（二）高职教育信息化资源建设模式

高职院校信息化建设的内涵非常丰富，几乎涵盖了教育活动的所有方面。考虑到不同机构教育信息化资源建设的过程中存在进展差异，高职有必要整合业务系统结构中的每一部分，而且还需提供用于后续的信息技术标准。它既包括内容、服务和使用，支持为所有的用户内容和服务的开发，还要支持多平台参与和评估的模型，尤其要考虑到人工辅助技术的需求、批判的技能。高职院校的教学资源随着三维计算机图形等视觉技术的应用，课程设计任务必须由技术专家、设计者和生产团队协作完成。同时还会在授课过程中，将师生互动形成的生成性资源不断上传，丰富信息化资源。

基础平台包括硬件环境的通信网络、服务器和终端设备。通信网络建设是信息化的重要组成部分，也是实现的基础和前提条件。升级现有的教育网，校园网和实现互联网、电信网和跨平台广泛网络相结合，实现三网融合。此外，该平台还包括基本的网络中心的建设，集成多媒体教室、语音室、网络教室、CAI 教室、虚拟实验室、人工智能实验室、电子阅览室、终端设备，如基础设施建设和硬件建设。

信息标准规范：信息技术在高职院校中，各个业务系统之间的复杂关系，具有广泛的数据交换要求的业务往来，为了避免产生"信息孤岛"，最初的信息技术应用时期应当制定信息标准。随着信息化标准的制定需要、信息技术的不断提高，在符合国家有关规定以及高职办学特色的情况下，又具有实用性和通用性的行业标准。

应用支撑系统主要包括：第一，教育信息化作为主要的教学软件和硬件资源，如多媒体材料，各种 CAI 课件、电子教案、教学案例、在线课程、考试、电子文档、搜索工具和各种硬件资源。教学资源的整合是校园信息化持续和健康发展必须经历的一个重要方向。第二，以日常管理为主要业务系统，如数字图书馆、高职管理系统、教务管理系统、教学学习系统和办公自动化系统等。其中，教育管理体制、教育学习系统和办公自动化系统是教育信息化工程起步阶段的基础，校园一卡通系统是教育信息化的一部分，带动了整个项目，因此，这几方面对教育信息化的支持系统的应用而言，是必不可少的。

（三）高职教育信息化资源共享建设的发展对策

面对新经济形势下职业教育发展的要求，高职院校可以通过信息资源共享平台建设。优质教育资源推送、完善机制设计，以更好地服务于高职教育教学与管理，形成信息技术与教育教学相互支撑的良好局面。

1. 完善系统设计

高职教育信息化资源建设在整体设计时，应全面考虑内容功能以及使用方法等，要完善资源搜索，提供普遍性与个性化相结合的服务。通过对学习者学习记录的测评，推送适合的资源辅助学习。建设资源时，要注意丰富其属性、便于检索，发现适合网络传播，适合数字化学习和理解的资源，这就是系统化设计。

资源库与资源池建设相结合。资源库是结构化的资源集合，能够提供示范引领专业资源建设。而资源池是颗粒度较小的非结构化的资源素材、碎片的集合，由于颗粒度较小，可以方便组合，无论是建设者还是使用者都易于利用。示范性课程是资源库的骨架，能够按照某种逻辑把碎片化的资源串接起来，这个逻辑编排是否合理，反映了教学改革是否到位，是否符合学生的认知规律和习惯。结合海量的资源池，还能做到资源冗余，即所提供的资源一定要远多于教学所调用的资源，既能支撑资源使用者直接共享资源，又能支持其自主重构组合资源，成为资源的建设者，从而服务于其他用户，也就成了生成性资源的提供者。

2. 持需求导向

在高职教育信息化资源建设方式上应以需求为导向，坚持应用驱动，规范专业化流程。这方面可以吸收借鉴加拿大的资源建设做法。成立课程专家、教学和科研人员组成的专业团队开发制作资源。以第三方评价与反馈体系定期评估资源内容与用户需求的符合度。另外还设有负责支持服务的专门团队，解决技术问题，确保资源建设高效开展。

信息化资源建设的最终目的是能够为学习者所应用。因此，信息资源库要提供可以随意组合的知识，形成颗粒度较小、海量存储的资源池，通过不断丰富网上资源池，实现资源按需要进行重组与整合。特别要立足于高职教育特点，构建以岗位需求为依据的实训资源平台，为高职教育的实践教学提供条件和保障。在此过程中，要鼓励教师与信息化技术人员积极合作。

同时，各高职院校间应畅通信息化资源互换渠道，探索资源交换、交流和交易机制，可以组建共建共享联盟，即由与高职教育教学资源建设与应用有关的单位，诸如院校、学会、协会、研究机构、行业企业等，在自愿的基础上组成战略联盟群体。联盟内院校基于资源库实现学分互认，鼓励学生使用资源库学习，学生不一定必须上高职里的课，而是可以利用资源库学习示范性课程，最终以接受统一测评，考核通过后认定学分。以此推动资源库的广泛持续使用，避免资源的重复建设而造成人力、财力的浪费。联盟内的成员单位还能发挥互补、协同、集成、融合的优势，共同推进高职教育信息化资源的共建共享。

3. 遵循资源生成原则

资源公共服务平台是汇聚共享教育资源、衔接建设与应用的重要载体。由于高职教育的特殊性，教与学的互动过程中，网络教育社区的交流中，都会形成大量的生成性资源。为此，要按照若干原则生成与应用这些资源，才可能最大限度实现资源的集约共享，推动资源建设与使用良性互动，形成面向课堂、面向教学、面向师生的资源服务云模式。

（1）开放性原则

共建共享的开放性表现在面向全部高职，即每个高职共享自己的优质资源，打破高职、地域间的壁垒；面向全社会，即吸引非教育部门和大众的参与，如科研机构、博物馆、科技馆、图书馆、出版社、非教育技术企业等；面向全球，即使用全球范围内的（免费）优质资源，不重复开发；面向各种技术平台和资源类型（如课件、教案、学生作品、汇报、教学日志等的共享），便于整合；高职教育信息化资源的共享可以采取多种形式，最重要的是共享机制的实现。

（2）可持续性原则

提高教育资源信息化整体应用水平可持续性，避免孤立、短命的开发立项，彻底消除信息孤岛。资源采集采取分布性；资源建设要吸收用户参与；资源的共享在使用中生成用户评价和推荐，在使用中评估教育要素和数据共享。

（3）创新性原则

以新型资源支持创新学习，将资源的创新性建设与共享作为开发和研究的重点，支持学生学习，支持教师学习。通过资源共建共享，教师能够基于探究，成为共同学习者和合作思想家；学生能够了解、分析各自在各学科领域的学习理解情况和进展结构，为知识建构搭建支架；在创新性原则的指导下，师生能够增进对资源生成与应用的理解和实践，推动教师的专业成长与学生的全面发展。

（4）合法性原则

在高职资源建设中涉及版权、个人隐私及内容分级等问题。应严格遵守版权法规，对版权的使用应持谨慎态度。对于优质资源，可以采取购买版权的方式。如果经费紧张，还可以使用自由版权等。

随着信息技术的发展以及我国高职教育改革的逐渐深入，高职教育信息化资源建设方式、手段必将不断丰富，信息化资源建设的步伐也将持续加快。

4. 促进资源均衡共建

高职教育信息化资源的建设与共享需要关注并应用云计算和大数据等核心关

键技术。基于大数据进行数据挖掘与学习分析，以云计算为架构、平台集中管理，资源共建共享，摒弃信息孤岛，形成教育大数据，并对其进行收集、分析和整理，从而推测出更精确的数据为因材施教、个性化学习提供支撑。围绕创新人才培养开展大规模在线开放性研究性学习平台建设，构筑智慧教育核心组件，为未来大数据挖掘和完善服务体系提供技术支持和资源保障。

云的核心特征是资源共享、弹性计算、自服务、普适性和基于应用定价；私有云、公共云和混合云是云部署的三种常见形态。应用云计算可以提高信息化资源的整合力度，降低资源建设的基础设施费用和运营成本。这一过程需要经历构建云环境、管理和整合云环境以及传输云服务三个环节。最终目的是汇聚最佳云解决方案，帮助组织获得信息资源服务，真正实现高职教育信息网络的互联互通，提高资源的利用效益和安全稳定性。

大数据的主要价值在于帮助人们做一些现实中不可能做到的事情。例如在资源共享时采用"数据分析成熟度"的模型，将数据分析的成熟度定义为数据采集和基本分析、数据整合和统一、业务报告和分析、预测分析和认知分析五层，这五层呈现出上小下大的金字塔形状。这五层的目的就是从各种各样的数据类型中萃取有价值的内容，通过分析共享资源的用户行为及其应用数据，能够预测其未来的应用走向，从而实现资源服务的主动推送，更大程度地发挥资源效益。大数据所展现出的惊人的分析和预测作用，能够加大推动教育信息化资源的有效应用。

目前全国已经建立了一些数字化教学资源库。从高职教育国家级专业教学资源库项目获取的数据统计分析可知，加速建设国家教育资源库，才能实现全国互连互通、资源共享。作为国家级资源总集，必须是结构合理、重点突出、更新及时、共享高效的，而且应该覆盖重点专业课程、高职教育各类院校的主要专业门类，以及行业企业在职职工培训、社会成人教育等多方信息资源。

5. 构建资源共享机制

资源共享机制是指实现资源共享目标的过程或方法。高职教育信息化资源建设是一项复杂的系统工程，必须形成政府、企业、高职多方参与的有效机制。这其中，由于政府是主导，所以统筹规划的职能必须相应地由政府担当起来。

政府应高度重视，提供公共服务，促进区域高职教育资源数字资源总体规划及均衡发展。从国家层面而言，要合理配置现有职业教育信息化资源，就需要加大对西部的扶持和资助，缩小东部和西部教育信息资源之间的差距，通过政策引导发展职业教育，将指向使用资金软件和信息化建设硬件的发展水平同时提高，平衡教育资源、制定职业教育信息资源建设标准。

现如今，公共行政被广泛提倡，政府应该通过引入市场竞争，提供更多的机会使社会企业参与到公共服务中，从而降低成本。多元主体的全新供给体系，能够较好地实现风险规避。因此从省级政府层面而言，要研究相关政策和标准，探索建立可持续的运行和维护机制，采取购买资源服务的方式，促进高职教育领域资源共享。此外，政府还要协调高职院校和企业之间的关系，引导社会力量参与到教学过程中，共同开发课程和教材等教育资源。

另外，高职院校是主要的教育信息资源建设主体，只有充分发挥以高职为基础的资源，才可以实现全国以及全球的职业教育信息技术资源共享。要在全省发展分布式学习资源中心和省级补助分布式学习资源的各类教育机构，要以支持全省高职学院建立的服务体系为指导，为学习提供更多的支持。例如，在版权上运行宽带视频可以通过政府出资购买，校方免费使用。借鉴目前一些高职已经开发了的资源，建立自己的平台和学习管理系统（LMS），避免重复建设。

专家的角色在于对教育资源质量的控制；企业能为职业教育信息资源建设注入新的活力；整体来看，政府主导下的高职教育资源建设应注重覆盖基本与核心需求，同时要鼓励各方积极参与信息化资源建设，给市场留有余地，发展市场相互关系，构建多方参与的和谐格局。避免脱离实际的教学资源转化为人力和财力的巨大浪费。为了保障资源建设的资金来源，教育资源的开发和推广费用应由地方政府统一安排。各级政府建立高职院校应加大投入，建立合理、平衡的多渠道投入机制。教育信息化机构或高职承担教育资源课件的研发经费，可以采用适度的奖励模式，这能够最大限度地发挥教育资源建设资金的效益，对教育资源的建设发挥促进作用。优化机制、保证重点、兼顾一般，需要科学的编制和严格管理经费预算，只有发挥中央和地方的积极性，予以经费支持，才能更好地建设资源，完善共享机制，体现出教育资源建设经费使用效益的有效性和受益性。

第五章 高职理论与实践教学管理

第一节 高职学生理论教学管理

学生理论教学管理是高职院校管理学中一个相对独立的组成部分，也是高职院校教学管理中最基本、最重要的管理。学生理论教学管理既是高职管理的重要组成部分，也是高职院校教学工作正常运行的有力保障。它主要依照高职院校理论教学的基本规律，通过制定教学常规、教学过程及教务工作等各项教学工作的制度、方法及程序，帮助教学管理工作者按照一定的教学管理规律去组织指导教学管理实践活动，促进教学质量的提高，从而提升学生理论教学管理水平和工作效率。做好学生理论教学管理，不仅有助于建立正常稳定的教育教学秩序，促进教师教学水平和专业素质的不断提高，而且能够提升高职院校教育教学团队的凝聚力，并通过推广丰富的教育经验和科学的教学方法，逐步促进教学质量的提高，从而为推动高职院校其他各项工作的顺利开展创造有利条件。

运用管理科学和教学论的原理与方法，充分发挥计划、组织、协调、控制等管理职能，对教学过程各要素加以统筹，使之有序运行，提高效能的过程。教育行政部门和高职共同承担教学管理工作。教学管理涉及教学计划管理、教学组织管理、教学质量管理等基本环节。

从纵向看，高职院校的学生理论教学管理可以分为计划、组织、业务、质量管理等；从横向看，高职院校的学生理论教学管理又包括教师、学生、课堂、教材、设备、信息等方面的管理。总而言之，学生理论教学管理是以一定的教育教学管理理念和教育教学规律所形成的对理论教学各个环节实施固定管理方法和程序的体系。随着高职办学规模的扩大和教学内容的增加，学生理论教学管理不再局限于编班排课、维持教学秩序、整理教学资料等单项工作，而逐渐发展成为涵盖对教学内容、教学组织以及教学过程等实施全方位部署并进行系统化管理的重要手段。

一、学生理论教学管理的内容

高职院校学生理论教学管理是高职管理的重要组成部分，它的基本任务是全面贯彻执行党和国家的教育方针和高职"面向世界，面向未来"的办学宗旨，按照一定的教学规律，对高职理论教学工作进行协调、检查、监督和指导，保证理论教学工作和教学改革的顺利实施，以符合人才培养质量的最终要求。总的说来，高职院校学生理论教学管理通常由教学常规和教学过程管理两个部分构成，主要涵盖了教学常规、学生训育、教学目标、教学计划、教学运行、教学过程、教学质量、档案管理等方面的内容。其任务在于优化教育教学资源，提高教学质量，确保教学工作正常进行。

（一）理论教学常规管理

高职院校学生理论教学的常规管理就是遵循教学规律对教学工作进行日常管理，主要由"教""学"及教务行政三个方面组成。

1. "教"的常规管理

所谓"教"的常规管理即对教师教学过程的监控管理，包括对备课、上课、布置与批改作业和成绩考核等教学基本环节的管理。

（1）备课管理

备课是教师根据教学计划和大纲，结合教学的实际情况，规划和组织教学内容，保证学生有效地进行学习而开展的教学准备活动。备课管理就是对教师备课过程进行指导、监督和检查。备课管理主要通过对教案的检查和评估进行，不仅要帮助教师明确备课的意义，还要针对教师备课的内容提出具体要求。

（2）上课管理

上课时教师根据教案实施教学的具体过程，是教学的关键环节。上课管理就是对教师实施的教学过程进行监督、指导和评价。上课管理的主要方法是听课和评课，上课管理效果的好坏将直接影响作业完成和辅导情况，进而对上课的质量和效果产生深远影响。

（3）布置与批改作业管理

教师根据教学目标和教学内容，有针对性地给学生布置作业并对学生作业进行批改，这是教学工作的重要环节。布置与批改作业管理是对这一环节进行指导、检查的活动，应从作业布置、作业批改及作业查评等方面着手，提出具体的管理要求。

（4）成绩考核管理

成绩考核分为平时考查和学期考试两个阶段，是检查教学效果的重要手段。成绩考核管理是对教师平时考查和出卷命题的有利监督方式，要求教师严格按照教学大纲的要求进行考核，以准确体现教学成效。

2. "学"的常规管理

教学过程中对学生学习过程的监控管理称之为"学"的常规管理，包括学习制度、学习成效考核、学生奖惩考核等基本环节的管理。

（1）学习制度管理

学习制度管理是"学"的常规管理的重要内容，是学生学习得以顺利进行的有力保障。学习制度管理主要是针对课堂学习、管理、考核等常规所制定的对学生出勤与纪律情况、课堂学习的制度与执行等方面的考查。

（2）学习成效考核管理

学习成效考核是检验学生学习成效的关键环节，也是学生升留级与毕业的重要依据。学习成效考核管理主要是规范平时考查、试卷考查形式和标准，并对这一过程进行全方面监控。

（3）学生奖惩考核管理

学生奖惩考核是学生在校期间所受奖励、处分情况的主要依据。学生奖惩考核管理将对学生的奖惩进行具体的系统量化，更加规范、有序地反映学生的综合素质和能力。

3. 教务行政的常规管理

教务行政工作是学生理论教学管理的重要组成部分，其主要内容包括编班管理、制表管理、学籍管理、教学档案管理等。

（1）编班管理

把年龄和知识水平相同或相近的学生，按照比例合理分配在一起的过程叫作编班，班级的编定应一次完成，保持相对稳定，以便实施教育教学。

（2）制表管理

制表包括编排学期课表、作息时间表及其他教学相关表格，合理地编排教学相关表格，有利于规范课务管理，稳定教学秩序，指导教学安排，确保教学质量。

（3）学籍管理

学籍管理是高职理论教学常规管理的重要内容，通常包括入学与注册、学生档案、学籍异动、考核与奖惩等方面的内容，是对学生在校期间学习情况的全过程处置与记录。

（4）教学档案管理

教学档案资料是高职历史发展进程中的基本情况及有关数据的集中反映，凡是上级文件、规章制度、计划总结、试题试卷、活动材料、教师业务档案等内容都属于教学档案范畴，需要分类整理、妥善保存。

（二）理论教学过程管理

一般说来，学生理论教学的过程管理主要包括教学计划管理、教学组织管理和教学质量管理。

1. 教学计划管理

教学计划是国家教育主管部门制定的有关教育和教学工作的指导性文件，体现了国家对培养专门人才规格的基本要求，是高职院校组织教育教学活动和实施教育教学管理的重要依据。教学计划管理一般包括教学计划的制订、执行、监督、实施等环节。

（1）制订教学计划

高职院校的教学计划由教务处根据上级教育部门有关文件精神，结合本校实际制定统一原则，安排各教学单位按专业制定初稿，签署意见后报高职教务处。教务处负责提交专家调整、审核，并将专家意见反馈至各教学单位进行修改和调整，由教务处统筹定稿后报主管院长批准。一经批准，各单位不得随意变更。一个完整的教学计划一般应包括专业培养目标与培养规格，学制规定，教育、教学周数分配，课程设置，学分要求，学时安排等方面的内容。在教学计划制订过程中，要处理好基础与专业、必修与选修等课程之间的关系，制订出一个较为理想的教学计划，适应社会发展对人才培养的要求。

（2）编写教学大纲

教学大纲是教学计划的具体体现，是教师进行教学的基本依据。除公共课程和某些基础课程由国家统一颁发教学大纲外，其他课程应根据教学计划，以纲要的形式制定、修正教学大纲，并按专业汇编成册，以克服课程间的重复和脱节，并据此进行教学准备工作，以确保专业培养目标的实现。

（3）下达教学任务书，编制教学运行表

教学任务书通常在每学期期末由系主任代表高职下发至各教研室，各教研室通过深入研究讨论，落实到具体的任课教师。各任课教师接受教学任务后，应根据教学计划，结合教学大纲规定的内容，提前做好教学运行计划，上交至各教研室。再由各教研室进行讨论，核准后执行。如遇到教学进度计划或内容确实需要更改的情况，应经教研室讨论同意后，报系主任批准。

（4）确定任课教师，选定落实教材

各门课程任课教师人选的选定，应由各教研室根据下达的教学任务，结合本教研室的具体情况进行推荐。一般应推荐专业对口、有一定教学经验的教师承担教学任务。如有新任教师授课的情况，应安排有丰富教学经验的老教师进行指导。各任课教师采用统一教材，教材由高职教务处教材科每年分两次进行征订，如需使用自编教材（讲义）、实验指导书补充教材等，必须填写使用申请表，分别由教研室、系主任、教材科签署意见，上报教务处审批。

2. 教学组织管理

与教学计划管理密切相关的是教学组织管理，教学组织管理是完成高职院校教学任务、实现教学目标的重要措施。实施教学组织管理，可以从做好教研室组建、合理地安排课务等两方面着手。

（1）做好教研室组建

教研室是高职开展教学研究、提高教师业务水平的重要基地，也是高职落实教学工作的有利保障。做好教研室组建应遵循以下原则：一是以"同一学科教师在三人以上可成立教研室，不足三人可将性质相近的学科教师组织成立多学科教研室"为原则建立和健全教研室；二是以"管理能力较强，且具备较高学科教学能力"为原则选任教研室主任；三是以"形成良好教风，提高教学质量"为原则建立各种规章制度以指导教研室工作，使教研室能够有效运行。

（2）合理地安排课务

高职安排课务，应考虑任课教师的专业背景、学识专长，并结合该教师的教学能力和业务水平。虽然每个教师的任课是相对固定的，但应该考虑适当的轮换制度。如教师经过自学、进修或培训后掌握了一定的专业知识，可安排有经验的老师采取"传、帮、带"的形式适量安排课务，使任课教师的综合业务能力得以提升。

3. 教学质量管理

教学质量管理是依据相应的规范和标准，采用科学的手段和方法，对教学过程和环节进行全面设计、组织实施、检查分析，以确保在教学进行过程中能够达到预期的效果，它是整个教学管理的核心部分。应从制订课程教学质量标准和构建课程教学质量指标体系两方面进行。

（1）制订课程教学质量标准

高职院校的课程教学质量是工学结合人才培养模式下的质量。它是校企合作教育资源与课程结合条件下学生对高职教育、教学活动的满意度，以及学生的职业的适应能力、用人单位的满意度等要素的系统反映。制订课程教学质量标准，应满足学生的人文需求，包括升学、就业、可持续发展等方面，同时，结合企业的实际需求，包括目标、规格、岗位等内容来进行制订。

（2）构建课程教学质量指标体系

做好高职院校的教学质量管理，除了制订科学、合理的教学质量标准外，还应抓好课程教学质量指标体系的构建工作，主要包括以下几个方面：一是成效指标，它是学生毕业后在工作、学习、生活中的成就或结果表现，是学生知识、能力、态度、社会适应能力及社会认可度的综合评价；二是成绩指标，它是反映在学生个体身上的学习质量指标，涵盖了考试成绩、考试等级、职业资格证书、获奖情况等方面的内容；三是教学工作质量指标，它是教师教学工作质量的衡量指标，集中体现教师的教学能力、学术水平、工作态度与责任心，以及学生反馈的满意度；四是教学设计工作质量指标，即专业、课程、教材设计的科学性、合理性，是进一步进行设计更正或优化的重要标准。

二、学生理论教学管理的原则

学生理论教学管理工作是高职管理工作中最重要、最基本的工作。学生理论教学管理既是对教学过程的全面管理，也是为实现教学目标而奋斗的目标管理。总的来说，高职院校学生理论教学管理的基本原则就是在学生理论教学管理实践中总结确立的客观规律，是根据高职院校教育的根本目标和任务，在总结长期积累的教育教学经验的基础上，经过不断归纳、修改而提炼出的基本要求。它是在进行学生理论教学管理工作过程中所应遵循的指导规范和行为准则，有效地指导学生理论教学管理的各项工作并始终贯穿于学生理论教学管理的过程当中。回顾现代学生理论教学管理的工作历程，无论是在学生理论教学管理的目标、内容、过程、方法、制度方面，还是在协调学生理论教学管理与其他各方面的关系方面，都是以教学基本原则来开展布置各项工作的。它不仅向我们揭示了一定的教学规律，还突出反映了在学生理论教学管理工作中应当遵循的基本原则。学生理论教学管理制度的建立与运行，对于高职院校教育教学工作起到了积极且不可替代的作用。

高职院校学生理论教学管理原则主要包括以人为本原则、以教学为主原则、循序渐进原则、综合把握原则、因材施教原则和师生协作原则等。

（一）以人为本原则

教育的出发点和核心目的是培养社会需要的人才，而不同国家在对于"如何培养人才""培养什么样的人才"方面都有自己的见解和看法，据此也提出了明确的目标要求和工作方针，并制定出了较为规范的教育政策法规来确保教学工作的顺利进行。坚持教育为社会主义现代化建设服务，为人民服务，把立德、树人作为教育的根本任务，培养德智体美全面发展的社会主义建设者和接班人。因此，高职院校在对教学工作进行具体管理的过程中，必须要熟悉、掌握教育方针和政策法规的精神内涵，才能从根本上统一认识，促进发展。

以人为本的原则是体现以人为主的管理，即高职管理工作的出发点和立足点都要把人放到中心位置，在高职管理工作中充分发挥人的作用。学生理论教学管理的主客体都是人，整个理论教学管理活动都是紧紧围绕人的活动开展实施的。因此，理论教学管理应以"以人为本"原则作为基础，其实质就是围绕"以教师为本""以学生为本"的基调开展理论教学管理工作。

"以教师为本"就是把教师的主导地位放在首位，在学生理论教学管理中充分尊重教师的劳动成果，最大限度地发挥教师的潜能，使教师成为主动参与教育教学的主体。在学生理论教学管理工作中应当以促进教师的发展为目标，将"尊重人、关心人、培养人"的理念贯穿于理论教学管理的各个环节当中；"以学生为本"就是把学生的主体地位放在第一要素，强化"管理育人、服务育人"的思想，在理论教学管理中牢固树立一切以学生为主的服务意识，优化教育教学管理模式，使学生个体更好地发挥自身潜能，成为全面发展的综合型人才。

（二）以教学为主原则

教育的根本目的在于培养人才，而培养人才的主要途径就是教学。随着社会的不断发展，认识也在不断地深入，教学管理状态的稳定只是相对的。特别是在科学技术突飞猛进和创新理念日益更新的今天，教育的改革和发展正面临着新的挑战。我们的学生理论教学管理工作绝不能因循守旧，墨守成规，必须依靠科学的创新思维来提升教学管理，注重以教学为主的创造性人才培养模式，满足时代发展的新需求。高职院校要卓有成效地实施培养目标，取得最优效果，就必须以教学为主，并围绕教学这个中心安排其他工作，建立正常的教育教学秩序。

以教学为主原则就是要求高职院校摒弃以往的"教学为管理"理念，从根本上落实"管理为教学"的全新思想。时代的发展需求对高职院校提出了新的要求，高职院校的学生理论教学管理不应该继续局限于以往的制度、框架管理式教学管理模式中，而是应当以发展的眼光准确把握和洞悉社会发展的新需求，积极转变教育教学观念，实行"弹性化"和"人性化"相结合的服务式教学管理模式，促进教学管理模式的创新，并通过灵活变通、多样化的管理方式，依靠科学的创新思维来指导教育、提升教学。

在学生理论教学管理工作中贯彻实施以教学为主原则，就是将高职工作的重心转移到教学管理当中，一切工作的制定、开展、实施都以协助教学、服务教学为根本，并要求教师严格按照教学计划、教学大纲进行教学，未经批准不得擅自变更教学计划或是降低教学要求，使教学工作沿着科学、健康的方向稳步发展。在实施教学的过程中，应从整体上把握以"学生为主体、教师为主导、训练为主线"的实质，要求教师做到熟知教材、授育人才，通过对学生的引导、启发、点拨及帮助，使学生探究、感悟、交流与提高。从真正意义上将"教"与"学"完美结合，实现和谐统一，力求让学生在"授课"之后各有所得、一举多得，从而达到提高教学质量、培养社会需求人才的最终目的。

(三) 循序渐进原则

事物的发展不是一蹴而就的，而是按照一定的轨迹循序渐进地进行的，学生理论教学管理也不例外。学生理论教学管理应遵循和把握的基本规律及原则是由教育教学的本质所决定的，并受教育过程的客观规律制约，又潜移默化地对教育教学的发展产生深远影响。在实施学生理论教学管理的过程中，研究并遵循教育的基本规律，包括对高职教育管理和教育管理过程规律的研究，并把握事物发展的客观规律，循序渐进地开展，对于确定正确的教育管理模式和组织实施教育管理策略、丰富和发展高职教育管理理论具有重大的理论意义和实践价值。

从历史的发展轨迹来看，社会的政治、文化、经济等方面的发展制约着教育的发展，同时，教育的发展又服务于社会发展的主流。因此，学生理论教学管理必须同国民经济和社会发展相适应，并根据理论教学管理的经验与实际不断地摸索、更正、深化。在学生理论教学管理的过程中，要按照教育教学的逻辑顺序和学生认识发展的顺序，抓住主要矛盾，妥善解决好重点与难点，有条不紊地进行。

教学的稳定是高职院校顺利开展各项工作的基础，一切的教学管理工作都应该在教学稳定的基础上有目的、有计划地进行，并依照一定的次序循序渐进地逐步展开。这个"序"既是指学生的自身特征，又是客观规律的体现；既是教师组织教学所应遵循的原则，又是学生主动学习所应遵循的原则。为了妥善处理好学生理论教学管理活动的顺序、理论教学管理活动的体系与学生发展规律之间错综复杂的关系，学生理论教学管理活动应当持续、连贯、系统地进行，从而使理论教学管理工作更加科学、合理地开展。

（四）综合把握原则

学生理论教学管理是高职教育管理中最基本的管理，也占有重要地位，但不是唯一工作。高职除了对教学进行管理外，还有许多其他方面的事务工作。要实现高职院校的办学目标和管理宗旨，不仅要做好理论教学本身的管理工作，还要注意理论教学管理对高职其他管理工作的影响。为了使高职教育真正成为社会发展、人类进步的重要阵地，各级管理部门都应全面贯彻执行党和国家的教育方针路线，协调好教学与其他各项工作的关系，确保学生在各方面都得到均衡发展。在实施学生理论教学管理举措时，要综合衡量高职整体的教育管理，立足于党和国家的教育政策法规，并以此为依据，加大教育教学改革力度，从根本上改变现有的理论教学管理模式，破除以教师为中心、教材为指导的陈旧模式，实现以教师为主导、学生为主体的全面革新。

作为高职院校管理工作的重要环节，学生理论教学管理工作包含了较为丰富的内容，并与高职其他管理工作紧密相连、相互影响和制约。要有效地进行学生理论教学管理工作，不仅要注意理论教学管理内部各因素的相互作用，还应重视高职其他管理工作对理论教学管理的影响。教育管理活动必须科学地组织和调动教学系统内外各方面的积极性，从而更好地推动教育事业向前发展。

我国现阶段的教育目标是培养德智体全面发展的综合性人才，一切的教育教学活动都是为培养社会主义建设人才服务的。实施理论教学管理的过程，就是正确监控课堂教学过程，正确评价课堂教学效果以及正确总结课堂教学经验的过程，力争使每一堂课都实现教育与教学相结合、教育与教学相适应的全面发展的教育目的。做好学生理论教学管理工作，不仅仅是做好理论教学的常规管理，做好教师教、学生学、教务行政的管理，还应包括做好理论教学的实施管理，做好教学计划、组织、质量的管理。确保教授知识与能力发展相统一，确保理论教学管理的科学性与思想性相统一，确保高职整体教育管理的发展需求与政策实施相统一，促使教育教学的主客体朝着全面发展的进程发展。

（五）因材施教原则

因材施教是学生的个体特征和身心发展规律在学生理论教学管理活动中的反映，它不但是我国古代教学管理经验的结晶，也是现代教学管理中必须坚持的一条重要原则，具有非常重要的参考价值。在高职院校学生理论教学管理过程中实施并遵循因材施教，对顺利开展教育教学工作、培养适应时代需要的创新型人才有着十分重要的现实意义。

把握因材施教原则就是从学生理论教学管理的实际出发，按一定的理论教学管理目标，使理论教学管理的深度、广度、进度更适合教学的主体和对象，同时，针对学生的个性特点和个性差异，采取不同的管理方法和措施，有的放矢地进行差别教育，加强理论教学管理的实效性和针对性，使学生理论教学管理工作获得最佳的发展，从而使理论教学工作更有成效。

学生群体是个别差异的客观存在。因此，在学生理论教学管理中，无论是从传授知识的角度，还是从思想政治教育的角度；无论是课堂教学管理，还是课堂教学考核，都应从一而终地贯彻因材施教这一原则，立足于学生的实际情况，在全面了解学生的年龄特征、性格特点、知识水平、兴趣爱好、身心状况、个性倾向以及品德发展状况等方面的前提下，采取具体情况具体分析的办法，有针对性地对学生进行理论教学管理工作。这就要求学生理论教学管理工作者要以发展的眼光看待学生，客观、全面、深入地关心学生、了解学生，正确认识和评价学生，并根据不同学生的特点选择不同的方法和内容进行教育，防止一般化、模式化、程序化。

（六）师生协作原则

学生理论教学管理的过程实质上就是教师与学生之间的互动交流，师生关系是学生理论教学管理体系的重要构成因素，师生关系的好坏直接影响着理论教学氛围，影响着理论教学管理活动的组织和开展，也影响着理论教学管理的效果。从学生理论教学管理的实践和经验来看，融洽的师生关系，孕育着巨大的教育"亲和力"，师生之间的有效沟通，能够促使师生双方得到充分的尊重和信任；师生之间的团结协作，能够确保理论教学管理取得良好的进展和成效。

在学生理论教学管理中，教师主导作用和学生主体地位相协调，教师沟通与学生配合相协作，是开展各项工作所应把握的一条基本原则。只有弄清"教师主导、学生主体"的理论实质，才能在贯彻这一原则的过程中妥善处理好两者之间的关系，从而充分调动教师与学生的主观能动性，在"平等对话"的氛围中取得较为圆满的教学管理效果。

教师的主导作用与学生的主体地位是辩证统一、相辅相成的。教师为主导，是指在教学方法、教学内容和组织层面上要充分尊重教师的设计和决定；学生为主体，是指理论教学管理要面向全体学生，使学生得到全面发展。主导是对主体的主导，主体是主导下的主体。在学生理论教学管理过程中，应深刻认识到教师与学生之间相辅相成的关系，应当在互相理解、相互沟通的基础上，充分发挥教师的主导作用以及学生的主体作用。教师主导作用的充分发挥，是保证学生发挥主动性、积极性和创造性的必要前提；学生主体作用的充分发挥，又是教师发挥引导、教导、指导作用的直接体现。

三、学生理论教学管理的方法

我国高职院校教育事业的开展是为了人才培养目标的最终实现，而高职院校的人才培养目标随着社会需求的不同而不断变化，从最开始的"技术型人才""应用型人才"到后来的"实用型人才"，再到现阶段的"高技能人才"。因此，要准确把握社会发展及社会对人才的需求，深入扎实地进行高职院校的学生理论教学管理工作。不仅要端正办学思想，还应重视高职院校的教育教学质量，严格把控高职院校的人才培养观。应当在日常工作中加强对学生理论教学内容、过程和组织的监控和管理，及时解决和处理在学生理论教学管理过程中出现的各种问题，防止视而不见、见而不管情况的发生。随着社会人才需求数量的增加和质量的不断提高，各高职院校应当准确把握实际，尽快转变办学思想，以培养综合素质较强的高技能人才为目的。而高职院校的管理人员，应当充分把握高职教育教学的特点及要求，不断地开创理论教学管理新模式，以顺应时代发展的新需要。

高职院校学生理论教学管理方法主要包括制度推进法、明确职责法、质量管理法、信息管理法和激励调动法等。

（一）制度推进法

制度推进法是指高职院校教育管理者依据党和国家针对学生理论教学管理所颁布实施的教育法令、决定、命令、规章、制度，并结合实际，运用学生理论教学管理相关制度对理论教学活动进行指导、监督、调节和影响。运用制度管理，有利于保证高职院校学生理论教学管理的制度化、规范化，有利于保障高职院校教育教学工作的稳步开展。

运用制度推进法来实施学生理论教学管理，首先，要依据国家的相关方针政策，客观分析，建立健全高职院校学生理论教学管理制度，做到有法可依；其次，要根据自身的实际情况，不断进行归纳、总结、修改及完善管理制度，以使制度规范合理化；最后，要严格依照相关制度进行学生理论教学管理，并将各项制度贯彻至整个学生理论教学管理的各个环节当中。如果不"依法办事"，再好的管理制度也只能是一纸空文。总的来说，就是在学生理论教学工作中，针对理论教学管理的不同内容制订出相应的规章制度，使管理真正做到"有制可依，有章可循"。在学生理论教学常规管理当中，健全学生理论教学工作领导体制，建立院、系两级教学管理机制，充分发挥教学管理部门和学生管理部门在整个理论教学管理系统中的职能作用。分别制定对教师"教"、学生"学"以及教务行政工作的要求，如《高职院校学生成绩考核办法》等，从学生日常上课、作业完成、成绩考核等方面进行细化要求，确保教学常规的顺利运行；在学生理论教学过程管理当中，对教学计划、教学组织、教学质量做出明确的管理规定，如《高职院校教学计划管理规定》，从高职院校人才培养目标着手，根据经济、科技、文化和社会发展的新情况，适时地进行调整和修订，从根本上推动教学过程的高质高效。

（二）明确职责法

明确职责法是指对参与学生理论教学管理各部分、各环节的相关部门和人员，进行明确的岗位定位和职能划分，使各部门、各人员都能够清晰、准确地把握职权与责任，在各自的岗位上各司其职，解决管理部门定位不准、监管责任缺失、服务环节比较薄弱等问题，进一步提高学生理论教学管理工作的效率和质量，提高整体管理水平。

学生理论教学管理是对教学进行指导、监督和评价的过程，也是教学管理各部门实施具体工作的过程。如果对各部门、各岗位的工作职权和范围没有一个清晰的界定，那就可能出现有的工作很多部门都在管理、很多人员都参与，而有的工作却是无人问津的局面。也会造成出了问题需要协调，处理的时候不知道该找何部门、何人的尴尬局面。因此，要做好学生理论教学管理，就应当制定相应的条款，对理论教学管理的各项事宜、各个环节进行明确的分工、定位，使各部门的管理人员都能在各自的工作岗位上各司其职，团结一心，为理论教学管理，乃至高职其他管理工作贡献自己的力量。应实施以系部为主体的条块管理模式思路，进一步明确理论教学管理的各项职责。如在学生理论教学的常规管理部分当中，各系部对本系部所开设专业的理论教学常规管理负全部责任，教务处按高职规定对系部教学工作进行监督、指导、协调，并提供必要的服务；在学生理论教学的过程管理部分当中，各教研室负责拟订本专业理论教学的教学计划、大纲等内容，各系部负责组织调研、论证和理论教学方案、草案的拟订，教务处负责组织专家评审、反馈。

（三）质量管理法

质量管理法是指借鉴 PDCA 质量管理法，结合高职院校学生理论教学的特点，遵循科学的程序进行学生理论教学管理实践探索，经过计划、执行、检查、修正四个阶段，逐步摸索出符合高职院校学生理论教学发展需求，对学生理论教学管理有一定参考意义的管理方式，能够取得较好的管理成效。

当前，绝大多数高职院校都实现了学生理论教学的二级管理，加强了院系在学生理论教学管理中的作用。但是，由于职能的局限性，二级管理往往在学生理论教学管理工作中难以充分调动管理资源，使得管理质量低下，难以实现预期的管理目标。因此，为更好地实现学生理论教学的二级管理，应结合高职院校的实际，充分发挥质量管理法的作用，进一步促进学生理论教学管理模式的创新，推动学生理论教学管理水平的提高。利用质量管理方式，在学生理论教学管理工作计划阶段提出明确的方针和目标，并制定初步的管理规划，能使工作计划更加清晰，任务分工更加明确；在学生理论教学管理工作实施阶段根据已知的信息，设计出具体的管理方法，再根据设计进行具体的运作，能够使工作交流更加频繁，任务执行更有压迫感；在学生理论教学管理工作总结阶段分析总结管理的结果，明确效果，找出问题，对成功的经验加以肯定，予以制度化；对失败的教训进行消化，引起重视，并对尚未解决的问题提出新的解决途径，能够使任务完成更有成就，工作目标更加明确，只要准确执行质量管理思想，密切联系高职院校实际，就能使学生理论教学管理质量得到进一步提升。

（四）信息管理法

信息管理法是指为了有效地开发和利用信息资源，在学生理论教学管理工作中利用先进的计算机与网络技术，将管理工作的各个环节及各项制度都利用网络进行管理、监督和评价，从而从根本上实现学生理论教学体系的信息化管理，使高职院校学生理论教学管理者与服务对象能够更加方便、快捷地发布、共享各项资源，加强沟通与工作成效。

计算机技术的广泛应用和网络的逐步普及，使各类信息资源更加的公开化、透明化，同时也为高职院校的管理工作提供了方便、快捷的服务。要想更加科学、高效地做好学生理论教学管理工作，从以往烦琐的事务管理当中脱离出来，使教学管理工作者真正意义上实现"管理资源共享"，使教学管理服务对象能够及时了解相关信息的发布和制度政策的制定，在进行学生理论教学管理工作部署时就应该积极推行信息化管理方式。一方面，要重视校园网的建设，使学生能够通过网络平台了解到自己关心、与自身有重要关系的相关信息，使教师能够通过网络的微课、网络视频等多样化形式实施开放型教学；另一方面，可以通过网络管理，加强与学生、家长之间的沟通联系，得到相应的信息反馈，并根据实际情况逐步改进教育教学及管理方法，促进管理的最优化。此外，通过信息化管理的实现，能够加强高职院校教学管理各部门、各环节的联系，使各项制度一目了然，各类流程清晰明了，各项职责分工明确，从而逐步实现化繁为简的工作模式，提升信息管理的运用能力。

（五）激励调动法

激励调动法是指在学生理论教学管理活动中运用科学的激励理论和适当的思想动员，激发、调动教学团队的工作热情和积极性，充分发挥其主观能动性，使他们对教学产生炽热的情感，愿意自觉地、创造性地投入到工作当中，从而更加高质、高效地推动学生理论教学管理工作进程。

在学生理论教学管理中适度地运用激励调动法来提高管理成效，首先，要以高职院校理论教学团队的基本状况为根本的立足点和出发点，适度进行思想动员工作，激发他们的工作热忱，使其正确地把握和看待在实施教学过程中自身的实际情况以及自身所欠缺的关键部分，并愿意通过自身努力，不断提升自我素质修养，并运用目标激励法，把"大、中、小""远、中、近"的目标结合起来，使理论教学者在工作中每时每刻都将自己的行动与预定目标紧密联系；其次，要客观分析高职院校学生理论教学所面临的新局面、新问题，准确全面地将各种情况传递到学生理论教学管理活动的参与、实施者当中，并运用科学的激励理论，使整个高职上下一心，积极主动地贡献力量，共谋出路，从而从根本上解决问题。作为高职院校教学工作的领导者，应以身作则，有效调动教职员工的工作积极性。要善于运用支持激励法充分引导理论教学管理的参与者与服务对象提出创造性建议，把他们蕴藏的聪明才智挖掘出来，使得人人开动脑筋，勇于创造。并通过一定的奖励激励具有典型性的人物和事例，营造典型示范效应，将物质与精神奖励相结合，不断创新方式方法，提高对理论教学管理工作参与的积极性和创造性，推动各项决策的改革、创新。

第二节　高职学生实践教学管理

实践教学是理论教学的继续、补充、扩展和深化，是高职院校通过指导学生进行实际操作和实地训练以实现素质教育和创新人才培养目标的重要阵地，无论是在锻炼学生的实践能力方面，还是在培养学生的创新意识方面都占据着十分重要的位置。要提高实践教学水平、增强实践教学效果，就要科学地对高职院校实践教学进行管理，通过制订良好的实践教学计划、组织与协调实践教学各个环节等方式，利用现有的实践教学资源有效地提高学生的技术应用能力和实物操作能力，从而实现高职教育的育人目标，推动高职教育的发展进程。

高职院校实践教学管理的含义可以表述为：按照高职教育的客观规律和特点，依据高职教育的人才培养目标要求，对高职实践教学活动进行有计划地组织、安排、控制、监督并全面实施的过程。随着现代社会的不断发展和意识观念的逐步转变，文凭已不再是求职应聘的唯一敲门砖，绝大多数用人单位已将实践和操作能力作为衡量员工综合素质的首要标准，这对高职院校的教学和人才培养提出了更高的要求。为顺应时代需求，应转变以往的教育教学理念，重视并加强对高职院校实践教学的管理，运用现代化教学管理方式，健全实践教学管理体系，实现实践教学工作的科学化、规范化、制度化。这不仅有助于加强对学生职业技能和职业素质的训练和管理，而且能够促进实践教学质量的提高，为增强学生就业竞争力打下坚实的基础。

一、学生实践教学管理的内容

实践教学是高职教育教学管理体系中的一个重要组成部分，是培养学生理论联系实际、提高学生综合运用所学知识和技能进行专业工作能力的关键环节。不仅在教学当中占有较大的课时比例，而且教学内容也十分丰富，涵盖了实验、实训、毕业顶岗实习、毕业设计（论文）等四大板块。因此，为了维护正常的实践教学秩序，实现实践教学目标，不断加强和改进对实践教学工作的管理，实现实践教学管理科学化、规范化，不断提高实践教学质量和管理水平，就成了高职院校学生管理的一项重要任务。总的来说，高职院校学生实践教学管理一般包括学生实践教学机构管理、学生实践教学制度管理、学生实践教学督查管理、学生实践教学计划管理、学生实践教学组织管理、学生实践教学条件管理等方面的内容。

（一）实践教学常规管理

实践教学是高职院校教学的有机组成部分，也是突出反映高职院校学生教学工作成效的重要指标。认真抓好实践教学常规管理和深入开展实践教学研究是顺利完成实践教学任务、实现实践教学目标的主要途径。在进行高职院校学生实践教学常规管理工作中可以逐步系统化，其关键在于构建其系统运行模式和机制，保证教学信息流畅通有效，加强教学过程控制。

1. 学生实践教学机构管理

要做好学生实践教学各环节的工作，应从建立完善的学生实践教学机构着手，着重加强对学生实践教学机构的管理。高职院校学生实践教学机构由教务处牵头，设置实践教学管理科，负责对整个高职的实验、实训进行宏观管理，组织实验、实训的考核和评估工作；监督各院（系）进一步做好各专业毕业实习的组织、管理，毕业设计（论文）写作的组织管理与总结工作。各院（系）根据实践教学管理科的相关要求设置实践管理中心，主要进行实验室、实训工厂、顶岗实习及毕业设计（论文）的衔接管理。负责安排专人做好本院（系）实验、实训设备的准备和管理，督促各教研室做好各专业毕业实习的安排与检查，合理安排各专业学生毕业设计（论文）的收集与指导工作。

2. 实践教学制度管理

为了加强学生实践教学管理，提高实践教学质量，各高职院校立足本校实际，制定了学生实践教学管理制度。然而，随着社会对人才培养需求的不断变化，高职院校学生实践教学制度也会发生相应变化，这就要求从根本上做好学生实践教学制度的管理工作。一方面，确保学生实践教学各环节的顺利进行；另一方面，顺应时代发展的需要。应根据学生实践教学常规管理要求，以教育法规为指导，以实际需求为出发点，建立完善实践教学常规和学生实践规范等方面的规章制度。针对实验、实训、顶岗实习的具体要求，做好实验、实训、顶岗实习安全制度的管理，要求学生严格遵照实验、实训、顶岗实习制度和指导教师的要求完成实验、实训、顶岗实习，并逐步规范、完善学生毕业设计（论文）制度管理，以便顺利开展毕业设计（论文）工作。力求精练准确、简便易行，使之真正成为实践教学行为的准则。

3. 学生实践教学督查管理

学生实践教学是提升学生动手与创新能力的重要环节，也是存在安全隐患较多的教学活动。因此，加强学生实践教学督查的管理力度，对学生在进行实践活动中可能发生的问题提出具体的要求和防范措施就显得尤为重要。比如，通过要求实验室加强对学生实验中药品、器皿和实验过程的监管；监督实训工厂指导学生严格遵照实训要求穿实训服、戴钢盔，按照指导老师的要求进行实训；督促顶岗实习的学生在校外严格遵循高职和企业安全实习要求，通过加强同校内校外指导老师的联系等方式加强学生实践教学活动的督查力度，明确各职能部门的工作任务和职责，细化各阶段工作任务，扎实有效地开展实践教学活动，能够在一定程度上减少或减轻学生在实践教学活动中发生意外和危险的概率，确保学生实践教学活动的顺利开展，从而实现学生实践教学的人才培养目标。

（二）实践教学过程管理

1. 实践教学计划管理

实践教学计划是指根据课程计划对教材进行重新设计，它是课程的具体化，是课程进入教学的中介；实践教学计划从整体上与人才培养目标相统一，结合师资技能等主客观条件，并以过程观为基本原则，指定学生活动的实施计划。

（1）实验、实训教学计划管理

实验、实训教学计划由任课教师根据教学大纲编制，与理论教学计划同时完成一并上报，也可混合编制，力争展开大纲规定的全部实验。实验、实训进程计划是高职组织日常实训教学活动的总安排，由教务处根据各系（室）上报的各专业实训计划，结合高职实训（实验）场地、仪器设备、师资等条件编制全校性的教学进程计划。在实施过程中不能轻易改变，若遇特殊情况需变更者，应提前向教务处提出申请，经同意后方可变更计划。应从整体上分配实践教学时数并提出教学时可能需要的教具和实验、实训项目，并根据具体条件进行实验、实训教学计划管理，要求教师严格按照实验、实训的性质，任务与目的要求，实验、实训内容或工种（岗位）安排，实验、实训注意事项，实验、实训报告，实验、实训考核办法等内容编制教学计划。

（2）顶岗实习计划管理

学生顶岗实习应根据人才培养方案要求和教学进程表规定的时间进行，若需调整，应及早提出计划，报教务处审查，并由分管教学的校院领导决定，各院（系）应结合企业或工地实际，组织有关教师制订出实习计划和要求。为了使实习要求更能切合企业实际，应落实聘请企业或工地方指导人员，安排实习有关内容等。指导教师应事先同企业或工地了解情况，落实有关问题。各有关教研室将实习计划、要求、实习时间、地点、实习内容、学生分组及指导教师等内容以书面形式在实习前两周报教务处审批。毕业实习前由各院（系）进行实习动员，明确实习任务与要求，毕业实习结束后，学生每人应写出实习报告并进行单独考核，以优、良、中、及格、不及格五级记载。在毕业实习结束后，指导教师及时将成绩报系和教务处，毕业实习成绩不及格者不能参加毕业设计（论文）。

（3）毕业设计（论文）计划管理。

毕业设计（论文）是学生在完成了全部课程学习之后，结合毕业实习或生产实际进行的一项综合性实践教学活动。为加强管理、提高质量，应着重对毕业设计（论文）工作进行计划安排管理。毕业设计（论文）计划安排应在每年的10月~12月进行，首先由教研室根据各专业毕业学生人数进行毕业设计（论文）分组，安排相应的指导教师；指导教师根据学生的实际情况，结合专业特点组织学生进行选题，上报教研室；教研室主任会同系领导进行毕业设计（论文）题目的审定，根据学生意向、学生本人的实际能力、成绩以及课题的类型、分量、难易程度，结合指导教师的意见进行综合平衡，最后确定课题分配，并将最终选题结果进行汇总报系主任审批，督促各指导教师向学生讲明开题内容、形式、研究（设计）流程、写作要求和时间期限等具体要求，解答学生疑问，指定主要参考资料，并以书面形式将课题任务书下达给学生。

2. 实践教学组织管理

学生实践教学的组织管理由各系院（系）统一负责，按照实践教学计划的总体要求，由专业教研室同指导教师、辅导员（班主任）共同完成。学生教学组织管理要为教师的发展和创造性工作营造宽松和谐的环境和条件，做到有计划、有落实、有检查、有反馈。

（1）实验、实训教学组织管理

实践教学组织实施是根据已确定的实践教学文件，对教学全过程的一种管理活动。首先，由任课教师按大纲要求协同实验实训场地管理员准备好一切所需的器材，并做好仪器设备的检测调试、安全措施、数据整理和实验、实训报告的要求等；在授课过程中，由实践教学管理部门督促任课教师做好讲课、示范、操作、指导，启发学生手脑并用，训练技能、发现问题、解决问题；实验、实训人员在课后应认真填写实验、实训教学日志，同时督促学生做好实训器材和实训场地整理、清洁工作，并指导学生撰写实训日记、实训报告、实训总结等，及时向教学职能部门提供实训教学中的各种信息、建议或经验。

（2）顶岗实习组织管理

顶岗实习是实践教学环节的重要内容，是高职教育和教学工作的重要组成部分，是一门理论联系实际，掌握实践技能从而更好地进行理论学习的综合性实践课程。主要由各院（系）根据专业培养目标组织教研室制定顶岗实习大纲，督促各顶岗实习指导教师执行顶岗实习计划，做好实习前的有关准备工作，并指导各专业辅导员（班主任）做好学生的思想政治工作，了解和处理顶岗实习中的业务和生活问题，定期向院（系）及实习单位汇报；教务处实践教学管理科负责汇总各院（系）的实习计划，协助各系（室）建立顶岗实习基地，并对顶岗实习工作进行检查监督、评估、总结和交流。

（3）毕业设计（论文）组织管理

毕业设计（论文）题目确定后，由各系（室）进行毕业设计（论文）动员，向学生下达毕业设计（论文）任务书，由各指导教师向学生具体布置毕业设计（论文）工作，明确毕业设计目的及要求，指定必要的参考文献及资料，着手准备开题报告。开题报告通过后，各系（室）应随时督促指导教师对学生进行撰写指导，并开展毕业设计（论文）中期检查，检查毕业设计（论文）各阶段任务完成情况。及时将存在的问题、需要整改的部分反馈给各指导教师，由各指导教师负责指导学生进行修改、定稿，并按要求提交毕业设计（论文），进行毕业答辩的材料准备。

3. 实践教学质量管理

实践教学由实验教学计划、内容和方法、手段以及考试考核等环节组成，实践教学质量管理贯穿于实践教学的全过程。教学检查和考核是检查实训教学实施情况、考核学生掌握实践操作技能程度和应有能力培养状况的重要一环，主要包括检查实训教学资料、统计实训教学开课率、考核评分和实训教学中存在的问题和经验总结等。

（1）实验、实训教学质量管理

通常以各院（系）的实践管理中心对教学资料、教学开课率及实验、实训教学组织实施情况的检查作为衡量标准。主要是检查实验、实训教学文件是否齐全、规范，实训教学日志、设计图纸、实训报告、总结等综合材料的情况和教师批阅情况，并督促各教研室做好实验、实训教学原始记录，各学期实验、实训教学按计划执行情况以及实验、实训开课率等方面的信息汇总。以各教研室的教学准备、人员落实及组织实施情况，备课、授课、示范、巡视、指导、答疑考核评分情况和实训基地（实验室）管理、仪器设备维护、检测等情况为主要考核内容。

（2）顶岗实习教学质量管理

顶岗实习教学质量管理主要由各系（室）的实践管理中心负责，督促各专业辅导员（班主任）密切联系学生，了解学生顶岗实习的情况，并要求学生在规定时间内上交相关实习资料。教务处实践教学管理科依据各专业辅导员（班主任）上报的学生顶岗实习材料进行管理、归档。考核成绩的评定主要依据学生上交的实习周记、实习总结、顶岗实习考核表等内容。顶岗实习结束时每个实习生都应按质按量地完成实习周记，并对照实习要求、围绕实习过程检查自己的工作态度、方法、纪律等方面的情况，总结收获、体会和成绩，找出差距。明确今后学习的努力方向，改进学习目标，制定提高措施，并填写《实习总结》《顶岗实习考核表》，认真进行书面个人总结，顶岗实习指导教师根据实习生的表现，结合实习单位的意见写出评语、评定成绩，然后提交教务处。指导教师对本次实习质量进行分析与评价，提出对今后实习工作和教学改革的意见和建议。

（3）毕业设计（论文）质量管理

各专业学生完成毕业设计（论文）的撰写后，由教务处抽取一定比例的毕业设计（论文）进行抄袭检测，学生根据检测结果修改论文并提交指导教师，准备毕业答辩。这是毕业设计（论文）质量管理的关键环节，应严格把控毕业设计（论文）质量关。检测完成后，对于重复率较高的毕业设计（论文），应要求指导教师进行信息反馈，并取消相关学生的答辩资格，要求限期整改；对于重复率较低的毕业设计

（论文），应作为本批次的优秀论文予以推荐；并及时组织其他学生参加毕业答辩。毕业答辩后，由各系（室）完成毕业设计（论文）纸质材料的审核、总结（包括任务书、开题报告、说明书、成绩评定表等资料）工作，教务处实践教学管理科对各系（室）上报的材料进行审核、存档，从而监控毕业设计（论文）的质量管理。

4. 实践教学条件管理

随着高职院校学生实践教学的稳步推进和实践教学比重的逐步增加，进一步做好学生实践教学条件管理，为实践教学提供人员专业、设施完备的服务体系，有利于加强实践教学质量，从而带动高职院校整个教育教学水平的提高。

（1）实践教学师资队伍管理

在实践教学的过程中，首先，应建立健全实践教学管理人员的岗位责任制，加强对学生实践教学人员的管理和考核。实践教学开课前，各任课教师和实践教学管理人员必须认真做好各项准备工作，检测仪器、设备和有关用品是否完备及是否处于良好状态；实践教学开课后，任课教师应向学生讲明具体的操作及安全注意事项，并对学生参与实践教学的情况进行考核；实践教学结束后，实践教学管理人员应及时清点和检查设施设备及用品，做好整理和保管工作。其次，建设"双师型"的师资队伍是运行实践教学管理模式的重要条件之一。高职院校应该制定长远的教师队伍建设规划，注重培养专业带头人、学术带头人和骨干教师，注重中青年教师的培养和提高，注重从行业企业聘用兼职教师，注重落实教师全员聘任制和岗位责任制，建立一支数量足够、结构合理、素质优良、师德高尚，既有较高理论水平，又有较强实践技能的具有高职教育特色的"双师"素质教师队伍。

（2）实践教学设施设备管理

学生实践教学设施设备完善，是确保整个实践教学工作顺利开展的首要条件之一，应加强对学生实践教学设施设备的管理力度。在管理体制方面，成立安全领导小组。派选对安全工作认真负责，具有丰富经验、操作熟练的工作人员担任安全工作责任人，根据实验室日常工作情况，研究制定符合该实验室特点的安全

措施，消除安全隐患，预防事故发生，明确安全责任；在完善防护设施方面，针对实验实训室里各种教学器材，实验人员进行定期检查和登记，制定《实验室安全手册》。实验操作前和操作后对所有设施设备进行全面检查，操作有毒有害、有危险的实验时专门设置规范的屏蔽设施和操作空间。在实验室安装视频监控系统，对危险物品进行统一管理。制定应急预案，用来处理各种突发事件；在落实执行情况方面，应加大监督检查执行力度。实验人员每天定期检查，领导小组每月定期检查。对检查中发现的安全隐患及时提出整改意见并限期整改，使各项规章制度真正落到实处。

二、学生实践教学管理的原则

学生实践教学管理是当前高职院校发展的重要出发点，是教学规律在管理工作上的反映和应用。实践教学管理的目的和任务是贯彻党的教育方针，确保高职院校教学工作有计划、有步骤、有条不紊地运转。总的来说，高职院校学生实践教学管理工作主要依托于质量和规模相结合、教学和实践相结合、教育和教学相结合、系统和阶段相结合、定性和定量相结合、灵活和规范相结合等原则进行。

（一）质量和规模相结合原则

实践教学在教学目标、任务和教学内容上的特点要求实践教学管理要把规模管理和质量效益管理有机结合起来。实践教学在教学目标、任务和教学内容上的特点首先要求实践教学要建立与之相适应的教学规模。因此，实践教学要立足于现有的实践教学条件，充分挖掘自身潜力，不断强化规模管理，增加实践教学环节或活动项目，充实实践教学内容，逐步健全实践教学质量保证体系，确保质量和效益的稳步提高。

（二）教学和实践相结合原则

教学管理是以教学为管理中心的一切管理活动总和，实践管理则是以实践为管理中心的一切管理活动的总和。实践教学的基本属性和系统特点要求实践教学管理要把教学管理和生产、科研、社会实践管理有机结合。

课堂教学是理论教学最基本的组织形式，实践教学管理既要根据自身特性体现自身的管理特色，又要在管理的各个环节和层面上，如教学目标设定，任务明确，体系构建，教学内容、教学环节和活动的计划安排等若干方面，自觉地协调与课堂理论教学的关系，使实践教学和课堂理论教学融会贯通。

（三）教育和教学相结合原则

实践教学在教学目标任务和系统上的特点要求实践教学管理要把教学管理和教育管理有机结合。一是要在保证完成基本的实践教学任务的基础上，自觉地将素质教育的内容融汇到实践教学中去；二是要把实践教学和其他教育活动管理有机结合。这样有利于激发和调动学生的学习主动性、积极性，而且有利于综合开发实践教学资源，提高实践教学的综合效益。

（四）系统和阶段相结合原则

实践教学在组织形式上、效益上要求实践教学管理要把系统化管理和阶段化管理紧密结合。既要把实践教学体系和每一个环节或活动作为相对独立完整的教学系统进行管理，又要根据实践教学活动周期长的特点将整个管理过程划分为若干阶段组织实施，明确阶段管理目标、任务，分步骤得以落实。

（五）定性和定量相结合原则

实践教学要求把定性和定量管理有机结合，是指在管理中本着全面、公正、客观的管理原则，针对实践教学体系和各项实践教学活动的具体特点，设定定性管理和定量考核指标，并与整个教学管理及其他有关高职管理工作直接挂钩，是定性和定量管理有机结合的程度体现。

（六）灵活和规范相结合原则

实践教学在组织形式上要求灵活性和规范性相结合。既要针对实践教学的特点，明确相对统一的管理思路、管理目标和任务，制定相对统一的管理要求和标准、规范管理的活动程序；又要针对实践教学的个性特点，按照管理层次，明确管理职责、管理目标和任务，层层下放管理权限，充分发挥学院、指导教师和学生的管理职能。鼓励指导教师采用灵活多变的教学和组织管理方法，给学生营造宽松的学习和自我管理空间，进而提高实践教学的教学效益和管理效益。

三、学生实践教学管理的方法

学生实践教学既是教学过程的重要环节，又是培养应用型人才的首要突破口。为加强高职院校对学生实践教学工作的管理，进一步完善落实实践教学新体系，使教学能够紧密地与生产实际需要相结合，应及时转变教育观念和教育思想，加强对学生实践教学重要性的认识，对实践教学进行科学化、规范化管理，保证实践教学工作的顺利进行。高职院校学生实践教学管理方法主要包括教学质量控制法、管理制度制约法、评价机制激励法、理论实践结合法和校企合作推进法等。

（一）教学质量控制法

教学质量控制法是指将全面质量管理理论引入实践教学，确立涵盖全部实践教学环节的全方位的质量管理体制，构建贯穿实践教学全过程的质量监控体系，以此作为衡量高职院校学生实践教学成效的主要标准。

教学质量是高职教育发展的核心，是高职教育的生命线，是高职院校得以生存与发展的立足之本。教学质量监控是保证教学质量不断提高的重要方式，其目的是通过对实践教学质量的动态管理，促进高职合理、高效地利用各种资源，顺应社会环境的变化，从多方位开展实施教学质量监控。其内容主要涵盖了对实践教学人才培养目标、教学计划、教学过程、学生信息反馈等方面的控制。不仅是适应新时期高职教育发展的客观需要，也是以教学质量监控内容为中心，努力提高高职院校人才培养质量的必要手段。应通过加强调查研究，编制科学、实用的教学指导性文件，通过听课、教学检查、学生评教、实践操作等方式实现监控目标的目的，并逐步建立实践教学情况档案，严格遵照相应标准执行考核，全面提升实践教学质量。

（二）管理制度制约法

管理制度制约法是指在进行学生实践教学管理的过程中，通过建立健全实践教学管理制度，严格实践教学管理规范，以约束管理工作者、教师与学生在实践教学活动中的行为，突出实践教学的管理力度。

实践教学管理不应该是随意性的教学活动，需要建立完善的科学制度予以规范，从制度上规定实践教学管理的内容、运行机制、过程管理以及目标管理。高职院校必须建立健全实践教学管理体系，运用现代化的实践教学管理系统，弥补现有实践资源短缺造成的实践教学困难，科学规划，有效合理地利用实践教学资源，为培养具备综合素质的高职人才奠定基础。在实践教学管理中，必须以提升实践教学的教学基础为研究点，加强实践教学制度管理，实现目标管理与过程管理并重。在实践教学变革过程中，必须对传统的管理形式进行合理有效的分析，在现有教学基础的前景下突出实践教学的重要性。据此制定相应的管理制度，涵盖实验、实训、顶岗实习、毕业设计（论文）等各方面、各环节的内容，明确各部门、各岗位的职责和义务，明确涉及的岗位和部门在实践教学活动中的考核、评估、检查、验收标准，以规范实践教学管理人员、教师、学生的行为，促进各部门、各人员之间的相互支持、协调统一。

（三）评价机制激励法

评价机制激励法是指通过建立科学、合理的评价管理机制，正确运用考核评价机制，充分发掘内部潜力，不断提高学生实践教学管理者、教师及学生的能力，以保证高职院校学生实践教学工作的有效开展，更好地为高职院校改革、发展提供有力的保障和服务。

目前，高职院校的学生实践教学管理较为松散、随意，各专业缺乏科学的实践教学计划、实践教学大纲，实践教学内容和课时与市场需求存在较大距离。对实践教学的实施缺乏科学、严格的管理，没有行之有效的贯穿实践教学全过程的质量监控措施，实践教学的质量难以保证。要提高实践教学成效，应从整体把控评价机制激励的实质内涵。一方面，要积极借鉴高水平高职院校职业教育管理经验，尝试在实践教学管理改革中，建立有利于全员参与实践教学质量管理的激励约束机制，研究实践教学管理与学生职业素养养成的内在联系。在提升学生实践教学管理地位的同时，给予实践教学教师以精神层面的激励；另一方面，应强化检查力度，监督学生定期进行实践活动，鼓励学生在实践中提升自身操作经验。逐渐引导学生树立学以致用的学习理念，建立正确的导向，发挥管理机制的作用，让工作人员以现有发展模式为管理基础，按照学院的实际要求，确定合理的评价机制。

（四）理论实践结合法

理论实践结合法是指在学生实践教学管理的过程中，不仅要注重在实际管理当中所呈现的主要问题，还应充分运用在以往的学习、工作中吸收的理论知识，采取科学、有效的方式把理论与实践相结合，理论作为实践的参考标准，实践作为理论的产生依据，以此来进行实践教学管理。

理论与实践教学管理在整个教学活动中占有同等重要的地位，仅有实践性而缺乏理论性和仅有理论性而缺乏实践性都不是指导教学活动的有利条件，应合二为一，在此基础上不断地整合、总结、完善。理论与实践教学管理的并重，就是注重两者在整个教学活动中的比重，实现功能性的平衡，既满足学生对理论和实践的需求，又促进了教学品质和目标的实现。一方面，在制定人才培养方案时，应从培养应用型、创新型人才的需要出发，协调理论教学和实践教学时间的比例，要打破传统的学科界限，使高职的实践教学内容服务于所要解决的职业领域的问题，高职实践教学管理模式的选择也要注意与市场实际情况相衔接；另一方面，为适应实践教学的需要，高职院校必须以人才市场的需求为核心，按模块设计课程，综合考虑知识结构、应用技能与特殊个性化需求等因素，对现行课程体系重新整合。应在不断地摸索当中适当增强创新意识，增加社会、教师与学生需求性的比例，结合上级规定制定各种管理方案，以指导实践教学管理，并在实践教学活动中不断总结、归纳得出符合高职院校自身发展特点的理论指导依据。

（五）校企合作推进法

校企合作推进法是指高职院校与企业建立一种长期的合作模式，将实践教学活动的阵地逐步转移到真正的实践场所，按照突出应用性、实践性的原则进行管理改革，以推进高职院校学生实践教学活动，加快学生实践教学管理工作进程。

随着社会竞争的日益激烈，各高职院校为谋求自身发展，抓好教育质量，纷纷采取与企业合作的方式，有针对性地为企业培养人才，注重人才的实用性与实效性。同企业建立长期的合作关系，将实践教学搬进企业正逐步成为一种全新的人才培养模式。因此，要实现高职与企业资源、信息共享的"双赢"，高职院校应以应用为目的，根据社会经济发展的变化不断调整、优化课程体系结构，重视专业技能实践性环节的落实，彻底打破三段式的教学模式，真正实现专业理论与实践教学比例的 1∶1；应以前期按专业大类培养，后期分专业方向训练为具体思路，制订切实可行的、多样化的、柔性教学计划，把自由选课制、分绩点制、弹性学习时间制、间修制、主辅修制等纳入学分制管理范畴，加强实践环节教学，探索工学结合的人才培养模式。比如，可以根据企业用工需要与生产一线人才的要求，将半年实习时间改为一年，实施"2+1"的人才培养模式；成立就业实习中心，实施企业法人管理机制，建立实习、就业、职业规划设计指导三支队伍，以保证"2+1"人才培养模式的顺利实施。

第三节　高职学生社团管理

高职学生社团活动是实施素质教育的重要途径和有效方式，在加强校园文化建设、提高学生综合素质、引导学生适应社会、促进学生成才就业等方面发挥着重要作用，是新形势下有效凝聚学生、开展思想政治教育的重要组织动员方式，是以班级年级为主开展学生思想政治教育的重要补充。在高职院校中，社团作为不可或缺的学生组织，其发展状况反映了高职院校的办学理念，专业特色，创新、管理机制以及立足社会的校园文化。高职学生借助于类型各异的学生社团，展示其多样化的个性存在，表达着多样性的个人诉求。学生社团在学生的专业知识获取、思想品德建设、综合素养提高、校园文化塑造等方面发挥着重要的作用。

一、学生社团管理的内容

高职院校学生社团是教学活动的一种必要的延伸。高职院校的学生管理需要采用先进的教育管理理念，以灵活的方式对其进行管理。建立一定的学生社会团体让其进行自我管理，是提升高职教育管理水平的需要。学生团体的建设和组织还可以丰富学生的课余生活，愉悦学生的身心，发展学生的综合素质；也可以帮助高职学生进行思想政治教育方面的提升。高职院校学生社团管理内容主要包括社团组织管理、社团监督管理、社团活动管理和社团经费管理等。

（一）社团组织管理

高职院校应该加强对学生社团的引导和管理，只有将社团发展工作纳入高职管理的工作范畴中，才能更好地发挥学生社团的作用。在进行学生社团的管理中，要有一定的目标和计划，制定科学合理的管理制度，使社团能够真正发挥其应有的功能高职各职能部门也应该各司其职，认真担负起学生社团的教育督导责任。基于学生社团类型的多样化，我们在进行学生社团管理时，对高职学生会应该进行特殊对待，将其列为群众性的学生组织；对于其他的社团则按照普通学生社团来处置。在社团组建过程中，涵盖了科技、文艺、体育、思想教育、学生管理服务等多个方面，涉及的人员多、范围广，因此，应该强化高职院校团委对学生社团的指导功能，对于学生社团的创办要出台一定的严格审批程序，对于学生社团的认定要进行一定的监督，对于一些较为重要的校级社团，应该在校团委的指导下进行一定的挂靠，通过老师的指导来促使他们开展工作。在各个社团成立过程中，都必须制定严格的章程和管理制度，规范社团的活动行为，使得社团活动有条不紊地进行。还应该建立社团退出机制，解散一些不符合条件的社团，保持高职院校学生社团的健康活力。只有在发展的过程中不断地对社团管理制度进行完善，才能使社团的发展越来越规范化，达到预期的目标。高职院校团委应及时对一些有着突出贡献的社团和社团负责人进行表彰，以激励社团负责人朝着更好的方向和更高的目标去努力。

（二）社团监督管理

学生社团的发展离不开老师的正确指导，只有明确了学生社团挂靠机构的责任，使职能部门的领导和老师承担起指导职责，才能使学生社团更好地发展。因此，在对学生社团进行管理时，明确各社团的挂靠机构和老师也是一项十分重要的管理内容。在管理过程中，应该让所有的学生社团都挂靠在高职院校的各职能部门或院（系），明确每一个社团的发展方向和目标。一般来说，挂靠的职能部门或院（系）应对社团的成立、变动进行审核，并为学生社团派出专业指导老师。指导老师要对社团的组织者和骨干成员进行考察，把那些具有较强组织能力和责任心的同学推荐到社团的重要岗位，充分发挥他们的才干；要对学生社团的活动计划进行审查并提出指导意见，保证学生社团活动健康有序地开展；在学生社团发生重大变动时，指导老师要积极干预，必要时可对学生社团的章程提出修改意见并组织实施学生社团组织机构的重建工作，对学生社团负责人进行教育培养，让其无论在学习成绩上，还是组织能力上都要为其他同学树立榜样。除此之外，指导老师还要对社团成员的思想动态进行了解，以便在出现突发事件时能够很好地控制，维护好校园的稳定秩序。

（三）社团活动管理

社团活动是高职院校教育教学活动的延伸，是活跃校园文化的一项重要的手段，应该具有一定的育人功能，只有发展有一定内涵的社团活动，才能在社团发展的过程中保证其对于学生的吸引力。学生社团活动内容的丰富使得社团内涵得到进一步的提升，这样就可以让学生充分领略到社团活动的魅力，从而以更加积极的心态投入到社团的发展建设中来。社团活动也会对学生人生观、价值观、世界观造成潜移默化的影响，提升社团活动的品位，才能使校园文化建设获得更好的发展。高职院校学生社团在举办活动时有一定的自主性，同时也有一定的盲目性。因此，我们应注意加强学生社团的活动管理，支持学生社团举办有益于身心健康、技能培养和综合素质的活动。要求学生社团在举办活动之前，活动方案经指导老师审核后，必须报主管部门或院（系）审批。要注意活动的积极意义，确保每一次活动都能够有效地提升学生的某项素质。如果出现一些与学生社团章程相违背的现象，要果断地予以制止。特别注意，对一些具有安全隐患的活动，要在排除安全隐患、确保师生安全后方能进行。

（四）社团经费管理

社团的维持发展，必然涉及经费。目前，高职院校社团经费来源主要有会费收入、高职拨付和社会赞助三个渠道。经费充足的学生社团，活动相应地开展得丰富多彩些。高职院校应建立科学、合理、规范的社团经费管理办法，加强对学生社团经费使用的指导与管理，要监督社团经费的使用去向和使用成效，确保各项经费切实用在学生社团各项实际有效的工作上。同时，要加大学生社团专项经费投入力度，为学生社团开展活动提供必要的物力、财力保障，鼓励学生社团积极利用专业优势和团队优势组织面向师生和社会的各种服务项目，支持学生社团为筹措经费广辟渠道，规范学生社团寻求社会赞助的行为。

二、学生社团管理的原则

高职院校学生社团活动虽然是一种自发组织行为，但是依然需要得到高职的管理、资源保障，才能顺畅地进行。社团管理原则体系构建，需要以高职院校学生社团发展规律为基础，全面反映社团未来发展的基本思路和客观要求。高职院校学生社团管理原则主要包括自主管理原则、科学管理原则、民主管理原则、多样化管理原则和动态管理原则、统筹管理原则等，只有坚持这些原则，高职院校学生社团管理才有可能沿着科学、健康的可持续发展道路不断创新与前进，从而发挥辅助高职院校教育的功能和价值，提升社团成员的专业技能、业务水平、综合素养及职业能力等。

（一）自主管理原则

高职院校学生团体的形式多种多样，既有全校性的综合性社团，又有各院（系）的专业性社团。高职院校学生团体创建有着很强的自主性，本着服务同学、共同进步的原则，社团发起人可以自由地向高职社团主管部门申请，自主创办社团。学生按照社团的章程，经过申请就可以加入并参加社团的各种活动。社团一般来说都是学生自发自愿组建的群众性团体，既有以共同的兴趣爱好结合到一起的，也有以共同的发展学习目标结合到一起的。

目前，我国正处在社会转型的重要时期，高职生受经济信息全球化发展的影响，思想上展现了独立、多变、差异等特点。高职院校在加强学生社团管理的同时，应该强调尊重学生主体，充分发挥学生社团的自主性，宏观引导学生社团组织的健康发展，鼓励成员自主探究、策划活动的内容及形式等，从而完成对学生创新意识和综合能力的培养。相对其他形式的学生组织而言，学生社团活动具有一定的自发性、多样性，注重学生自己策划、组织、参与，反映了学生自主意识正在逐步增强。另外，自主管理原则指导下的学生社团管理，还需要贯彻以人为本思想，尊重学生的个性差异，引导学生个性发展。在市场经济体制运行条件下，高职院校学生参与社团活动的兴趣愈加浓厚，希望借此丰富自己的专业学识、激发自己的潜藏能力、增加自己的实践机会。因而，当代高职生参与社团有着很强的理性和目的性。高职院校学生强烈的爱国心、使命感、独立性等特征，决定了学生社团管理必须要加强以人为本思想的渗透，力求打造自主发展、自我创造的平台，关注学生的个性化发展，服务于学生的教育需求，给学生创造自我升华的条件。学生社团管理要具有一定的针对性，以促进学生全面、个性发展为根本目标，努力实现学生的自我价值，这于学生而言是激励自己奋进的有效途径。学生社团营造了良好的文化实践氛围，是高职生个性发展的重要载体，对培养时代需求的实务型、创新型人才具有积极的作用。

（二）科学管理原则

学生社团作为高职院校文化体系中不可或缺的一部分，其管理是一项系统工程，需要科学地进行。学生社团管理是高职院校思想政治教育的主要途径之一，有利于培养高职生完善的思想政治素养和良好的人格魅力。同时，学生社团作为高职院校教学"第二课堂"，有利于学生创新意识和实践能力的培养。学生社团更是搭建了学生与社会之间的桥梁，是倡行理论联系实践观念的重要领域。因此，高职院校各级领导及教职工不仅要重视学生社团管理，还要树立科学发展观，正确地定位学生社团管理，将之视为贯彻党的教育方针、践行素质教育的重要手段，并把它纳入到校园文化建设工程中，从战略的高度出发，规划全局。在此基础上，高职院校各级管理部门需要充分发挥自身的职能，及时、恰当地给予学生社团建设支持、引导和帮助，形成以校党委领导、行政支持、团组织管理为一体的生态格局。

高职院校除了宏观把控学生社团组织的建设与发展方向，科学地定位管理外，还应该重视动态监管，对学生社团实施分类管理，这也是科学管理原则的另一层内涵。现阶段，大多数高职院校学生社团已成立了自主管理机构，如社团联合会或社团管理委员会，并通过民主、公开程序选拔了一批骨干成员，保障了相关活动的顺利开展。但是，仅凭这一点还很难保障学生社团的健康、持续发展。具体而言，学生社团若想实现有序发展，还需要建立一个科学的组织管理模式。由于高职院校学生社团数量繁多、种类各异，实施科学分类管理显得尤为重要。例如，针对理论学习型学生社团，高职院校应该加大扶植力度，搭建人生观、世界观、价值观培养平台；针对学术科技型学生社团，高职院校应该协同有关企业积极建设实践基地，从而激发学生的创新实践热情。

（三）民主管理原则

学生社团是因共同的兴趣爱好而自发聚集的组织。每一位成员都应该充分利用自己的聪明才智，以团队协作精神为指引，为谋求整个社团的共同利益、健康发展而不懈努力。作为一个自发性质的组织，学生社团管理应该实行内部民主管理体制，坚决抵制个人主义的渗透或侵染。一旦个人主义现象在学生社团建设、管理中泛滥，势必会影响学生参与的积极性，使得学生社团原有的价值和作用发生质变。为此，高职院校学生社团管理中要建立完善的考评制度，适当地引入竞争机制和激励机制，以谋求社团全面发展为出发点，有效地把成员团结起来，在精神上形成一种聚合力。学生社团组织具有自发性的特点，一切有关社团工作决策的事宜应该集体讨论决定，包括内部管理制度和社团活动机制，切忌个人独断专行，满足自主管理原则和民主管理原则的共同要求。

学生社团管理要符合社会主义核心价值观的要求，努力建立整个社团统一的目标、精神和文化体系，树立全体社团成员正确的价值观。这些内涵的外在集中体现为学生社团管理规范的指导思想和基本原则，展现出社团良好的感召力、战斗力、凝聚力以及吸引力。当然，学生社团的集体价值观并不否认个人利益的客观存在和追求，它在管理中应该实现整体利益与局部利益的协调整合。这就要求学生社团管理组织有全局观，既承认和尊重个体独立的人格和价值，又讲求"服从集体"，指导学生正确地处理集体与个人之间的关系，弘扬自我个性的同时，以全局观引导产生有效行为。简而言之，高职院校学生社团管理的自主性原则、科学性原则与集体性原则之间并不存在冲突，它们呈现了一种相辅相成、相互渗透的关系。

（四）多样化管理原则

多样化管理原则，主要包括主题多样化和手段多样化两个方面的深层含义。

其中，学生社团管理主题多样化是指理解和接受学生社团活动主题丰富多变的特点。对于学生社团管理而言，多样化原则与科学性原则相互照应、渗透，两者的主旨都是强调尊重学生个性差异，并最大限度地将不同学生个体之间的这种差异发挥到极致，这是素质教育的基本要求。

学生社团管理手段多样化，要求实现高职教育手段与社会化手段相结合。浅层次上讲，高职院校学生社团管理属于一种院校行为，必然要遵循高职院校的运行规则和规范，但是，学生社团活动中或多或少地都关系到一些社会实际，知识经济时代背景下，我们也可将之理解成一种经济行为。学生社团管理的重点不再是单纯地传授知识，更重要的是把学生放到市场经济环境中进行历练，以培养他们的经济意识、理财能力、团队精神以及职业素质等，为促进高职生顺利择业、就业夯实基础。因此，高职院校学生社团管理过程中，既要坚持传统的高职教育方式，又要适当地借用社会化手段，使学生社团管理在全新模式的牵引下，与社会生活实际更加贴近，以提高学生社团管理的实效。值得注意的是，高职教育与社会教育融合在学生社团管理上的建设是一个系统化工程，不是单凭一方努力或一时兴起就能完成的。这需要国家及教育主管部门出台一系列的引导政策和保障制度，充分发挥连接高职与社会的职能，鼓励双方为之不懈努力。在这个全民教育的时代，学生社团管理遵循管理手段多样化原则势在必行。

（五）动态管理原则

事物的稳定是相对的，而发展变化是绝对的。当前，高职院校学生社团所处的客观环境和自身发展变化十分迅速，对社团的管理要坚持动态管理原则，不以一时的得失论成败，衡量一个社团是否有价值，在决定成立或取消某一社团时，也一定要从长远角度全面考虑，不可草率。学生社团管理应做到思路开阔，思维敏捷，自觉经常捕捉新信息，分析新情况，尊重社团规律和特点，大胆创新，尝试一切有利于社团发展的模式和做法，使社团保持张力、吸引人的风格和闪光点。在高职院校学生社团管理中保持既要严格认真，又要生动灵活，有统有分、有刚有柔的特点，做到管而不死、活而不乱，处理好管与变、稳定与发展的关系。既然是管理，就要有规定、有章法，以保持社团发展的正常和稳定，但是随着情况的变化，规章制度都应适时进行调整。这样，才有利于学生社团功能的合理化，有利于为管理过程提供经验支持，有利于使学生社团更加了解自身工作，从而变得更活跃、成熟。

（六）统筹管理原则

统筹管理是通过对部分的组合达到整体最优的管理。整体最优不是部分最优的组合，也不是个体最优的集合，而是由个体构成的部分与部分之间有机的组合，其功能达到整体最优，即实现 1+1>2。高职院校学生社团管理不是单一的行为，它必须与高职其他系统建立整体关系，必须服从整个高职战略发展的需要。一个高职往往有几十乃至上百个学生社团，高职人力、财力、物力有限，无法做到对所有社团均衡投入，但全校社团活动又应该做到"一盘棋"。因此，各学生社团应在年初上交年度工作计划，再由社团协调组织统一安排活动内容、时间、设施场地等，以避免社团活动出现过于频繁和重复的撞车现象。

三、学生社团管理的方法

学生社团是高职院校校园精神文化建设的重要组成部分，是高职思想建设的重要场所，也是学生学习实践的第二课堂，高职思想的传播有赖于社团活动的帮助，学生社团健康、有序发展意义重大。社团的文化宣传力量是巨大的，并且能够深入人心。在深化教育教学改革的新形势下提倡素质教育，我们应该完全和正确认识学生，加强对学生社团的引导和管理，充分发挥其在校园文化建设中的重要作用。因此，高职院校在对社团进行管理时必须采取全面、科学、高效的管理方法，使得学生社团在新形势下良好地发展下去。

高职院校学生社团管理方法主要包括科学管理法、物质保障法、干部培养法、交流平台构建法、专业指导强化法、自主参与法、团体精神强化法和分类管理法等。

（一）科学管理法

首先，高职院校要加强对学生社团的领导，对学生社团管理进行科学定位。学生社团是校园文化的重要组成部分，对高职生具有良好的思想政治教育作用，而且它也是高职生学习实践的第二课堂，能够极大地培养高职生的创新精神和实践能力，学生社团的大部分活动是在社会上开展的，在很大程度上提升了高职生的社会适应能力。以此看来，学生社团与高职普通教学工作具有很大不同，这就需要高职党委加强对学生社团的领导，正确把握学生社团建设和发展的方向，给予学生社团最大的支持、帮助和指导，积极推进学生社团的科学定位，以吸引更多的高职生加入其中，将学生社团的作用发挥到最大化。其次，要进行动态监督，分类管理。高职学生社团众多，种类丰富，为了确保学生社团管理更加规范，就需要高职成立专门的社团管理机构，该机构应由领导、辅导员、社团骨干成员共同组成，在校党委、团委的统一指导下，共同完成对学生社团的动态监管，及时解决各个社团中存在的问题。同时，将种类丰富的社团进行分类，如公益服务型社团、学术科技型社团、兴趣爱好型社团等，根据不同的社团类型进行有针对性的管理，以促进学生社团健康有序地发展。

（二）物质保障法

学生社团的健康发展需要完善的物质保障作基础，物质保障主要包括政策保障、人员保障、经费保障和设施保障，高职院校党委、团委和各职能部门要充分发挥自身的作用，切实满足学生社团发展所需的物质需求。从组织上支持、关心学生社团的发展，指导社团活动各阶段的顺利实施，为学生社团的发展营造一个良好、宽松的氛围。加大对学生社团的资金投入，设立社团发展的专项经费，满足学生社团发展的资金需求。选拔优秀的导师或聘任社会上专业人员深入学生社团，开展社团活动的指导工作，帮助学生社团沿着正确、科学的路线发展。同时，学生作为社团的主体，高职要鼓励学生积极参与社团活动，充分调动学生在社团活动中的创造性和主动性。此外，高职院校要充分掌握社团建设和发展的规律，并从本校实际情况出发，探索出一条适合本校学生社团发展的新路径。

（三）干部培养法

社团骨干是学生社团发展的"领头羊"，学生干部队伍的素质直接影响着学生社团的活动质量、管理水平和发展前景，他们的思想、言行对社团成员带来很大的影响，而且学生社团的健康发展和成员之间的凝聚力与社团骨干的思想意识、工作方法等息息相关。责任心强、心理状态较好、善于沟通是社团干部的基本素质，此外，一名合格的高职学生社团干部更应该具有基本的管理知识，了解社团发展规程。学生干部不培训，不关心，只凭其热情投入工作，社团将无法长久。学生的心智终究还不健全，承受能力有限，被打击后很容易就减退热情，从而严重影响到学生社团的平稳前行。因此，高职院校要做好学生社团干部的选拔、教育、培养工作，在整个学生干部培养体系中也要融入学生社团骨干的培养计划，不断加强对社团骨干的思想教育和工作能力的培养，提高社团骨干的综合能力，使其能够在社团活动中起到组织带头作用，依靠社团骨干的影响力来实现对整个高职生群体的教育，从而促进学生社团的健康发展。

（四）交流平台构建法

以前的学生社团活动只局限于校园内部，学生难以真正提高自身的实践能力和对外沟通能力。随着高职院校与社会交流的日益密切，当今"00后"学生作为高职生群体的重要组成部分，他们提升自身综合能力、与人交流的意识更为强烈，这就要求学生社团要转变以往封闭式的发展模式，积极开展社会化的社团活动，与社会、企业、同类院校进行交流与合作，不断开拓高职生的视野和思维空间，提升高职生的综合素质，使其能够及早地接触社会、适应社会，为将来走上社会打下坚实的基础。高职院校要构建交流平台，指导学生社团之间加强交流，并推进校际活动，实现社团之间的优势互补和资源共享，不断提升社团组织、策划、实施的能力，促进学生社团健康、稳步发展。

（五）专业指导强化法

高职院校的社团管理部门和教师在学生社团管理工作中发挥着重要作用，因此，必须要提升指导部门及指导老师的专业水平。将社团指导教师的培训纳入整个教师培训计划之中，不断提高指导教师的专业水平和实践经验，同时，制定科学合理的考核体系与激励体系，激发教师指导社团活动的积极性和责任心。社团活动的质量对学生综合素质的提高具有重大影响，指导部门和指导老师要依靠自身的专业知识和实践经验帮助学生社团提高活动层次，在社团活动中融入教育性、娱乐性和知识性，切实增强活动的针对性和实效性，以吸引高职生广泛参与，从而推动学生社团的健康发展。

（六）自主参与法

首先，要充分地给予高职生自主策划、自主参与的权利。当今时代的高职生具有较强的独立性和多变性，而且自主意识较强，他们更多希望在各种事物中通过自己的实力来证明自己。学生社团给高职生提供了一个良好的平台，高职只需在宏观上加强对学生社团的指导与管理，社团活动应由学生自己去组织、策划、实施，给予学生充分的自由，以此来培养高职生的创新能力、领导才能、组织协调能力等，这对提高高职生的综合素质具有重要作用。其次，要坚持以人为本，实现对高职生的个性引导。随着社会竞争的日益激烈和人们思想觉悟的提高，当代高职生具有强烈的自我学习、自我锻炼的意识，学生社团为高职生的需求提供了一个良好的平台，但每个高职生都有自身的优势和不足，这就要求社团活动的开展要融入"以人为本"的理念，从学生的个性化需求出发，开展多样的社团活动来引导学生个性的迸发，使学生在社团活动中实现自我价值，同时不断提高自身的综合能力，这对高职生的个体发展具有重要作用。

（七）团体精神强化法

高职院校学生社团成员有着共同的兴趣爱好和目标，虽然每一个成员都是单独的个体，但都必须为社团的利益和发展而共同努力、团结协作。学生社团是一个集体组织，成员的个人主义会对社团的建设、发展与管理造成不利的影响。因此，学生社团要始终坚持集体主义精神，培养社员共同的目标和精神，不断提升学生社团的凝聚力、感召力和战斗力，使社团的作用在集体精神下得到最大的发挥。此外，学生社团是高职的一个重要组成部分，要求所有社团要具有集体主义精神，将自身利益纳入高职整体利益之下，促进社团与高职的和谐发展。因此，对学生社团的管理要坚持培养高职生的集体主义精神，使其正确处理集体与个人的关系，保证学生社团的正常运转。

（八）分类管理法

高职学生社团的数量在不断增加，学生社团类型也在不断变换。类型不同，活动形式和发展要求也不尽相同，因此，管理学生社团不可以统而管之，应该针对不同类型和主题的社团，采用不同的管理办法。这与人才培养规划的道理是相通的。例如，针对思想理论类社团，要用政治的高度来培养和打造，可以在政策支持和师资力量上予以倾斜，促使其与"两课"教研室形成互动，受其指导。这类社团，不求数量和声势上的浩大，重在打造精品，集结先进青年，通过对各类政策的学习、学生报告团宣讲活动、热点时事学习沙龙等形式，或针对社会现象、校园身边事成立小组展开调研并形成报告，以此表达青年愿望，凝聚有志青年。针对文艺体育类社团，积极鼓励他们向外界宣传自我，寻求合作伙伴，获取社会支持，如与企业、商家或者创业校友等签订协议，通过策划、组织活动，既展示了社团的成果，又为合作方进行了宣传，这样的社会运作，一方面解决了社团资金问题，又为学生接触社会、锻炼自己提供了机会。当然，这要出台相关的政策和措施，加强监管和督导，确保学生社团市场化运作的规范有序。总之，针对不同类型社团的特点、功能，实行分类管理，能使社团的功能充分地发挥出来，激发学生的积极性、参与性。

第六章　高职教师教学能力管理

第一节　高职教师的职业特点

社会对职业教育的期望，最终要反映在职业教育培养的人才与社会发展要求的契合度上。高职院校教师作为专职的、直接面向社会培养应用型技术技能人才的教育工作者，有其特殊的使命，那就是紧密结合区域经济社会发展和产业结构调整及技术进步，培养现代职业技术技能人才，帮助每个学生走向成功。高职院校教师不仅具有教师的一般特点，而且具有自身职业的特殊性。

一、教师职业的一般性

（一）教师职业的专业性

现代教师必须经过长期的专门训练和实践锻炼才能取得教师任职资格，而且，从事教师职业必须具有一定程度的专业知识和专业能力，能够在本职业领域不断学习、创新和发展。

（二）教师角色的多重性

在教育教学活动中，教师既是知识的传授者、教育活动的组织者和管理者，也是学生生涯发展的引领者和指导者，所以教师在不同的场合，还要扮演如心理咨询师、学生的朋友、家长的代理等多重角色。

（三）教师职业的示范性

教师职业的特殊性决定了教师必须成为学生模仿和学习的榜样，用自己的一言一行潜移默化地影响学生，用自己丰富的学识充实学生，用自己高尚的人格魅力感染学生。教师要用心、言和身去培育学生的德、智和行。

二、高职教师的特殊性

高职院校教师不仅具有教师的一般特点，还具有自身职业的特殊性。

（一）实践性

职业教育要培养技术技能人才，高职院校教师除了要具有比较综合的专业知识外，还要具备较强的专业实践技能和一定的实际工作经验。

（二）经济性

职业教育要面向区域经济社会发展，高职院校教师不仅要掌握职业教育规律，还要了解经济发展，要将职业教育与经济发展紧密联系起来。

（三）职业性

职业教育要为每一个学生发展服务，高职院校教师不仅要了解教育对象的身心发展特征，还要了解职业人才成长和发展的规律及路径。

总之，高职院校教师的职业特殊性表现在，不仅要"学高""德高"，还要"技高"，不仅要能做"教师"，还要能当"工程师"。一个优秀的高职院校教师需要多方面的能力与素养，从事的是一项内容多变、对象复杂、难度较大的工作。没有坚定的职业教育信念和对学生成长的高度责任感，不经过严格的训练和长期的专业教学锻炼，没有一定的工作经验和社会阅历，就很难胜任职业教育工作。做一个好教师很难，做一个好的高职院校教师更难。

第二节　高职教师的素质要求

素质是指个体完成一定活动与任务所具备的基本条件和特点。教师的素质是教师道德水平、政治态度、精神面貌、教育教学与专业能力、身心状况等多方面的综合反映，主要包括教师所具备的思想道德素质、知识文化素质、教学能力素质等。

一、思想道德素质

（一）现代职业教育观

纵观国际教育改革趋势，随着 21 世纪知识经济时代的到来，教育改革席卷全球，科学的人道主义教育观备受推崇。这种新型的教育观是科学与人道的有机结合，它以科学为基础和手段，以人的完善为目的，它代表了未来教育发展的方向，就是我们常说的"以人的发展为本"的教育观。这种教育观就是让受教育者的学习做到学习科学文化与思想修养相统一、学习专业理论知识与生产实践学习相统一、坚持实现自身价值与服务社会相统一、坚持树立符合时代发展的远大理想和服务社会相统一。教师做学生就业、创业和发展以及学生职业生涯的指导者和促进者。

21世纪是以高新技术为主导的知识经济时代，国际竞争日趋激烈，谁抓住了教育特别是职业教育，谁就抓住了新世纪的战略制高点。因此，各国都把成功和发展聚焦在教育特别是高职教育的改革上，要求建立以科学为基础、以人的发展为根本、以培养健全人格和创新能力为宗旨的新型教育理念，培养新世纪需要的合格人才。

高职教育是直接为地方经济服务的，要求专业教师应具备一定的经济方面素养，能掌握较丰富的现代经济知识，能较深刻领会现代"人力资本""智力资本"的经济理念，树立"人才市场观""人才质量观"和"现代产业观"的经济观念，有意识地把竞争规律、价值规律渗透到教学内容和教学过程中。

（二）较高的行业素养

高职院校专业教师要熟悉相关行业的行规和职业道德，要清楚地了解它们的内容及其在行业中的作用，并能将其融入教育教学过程中，让学生从教师的言行中体验到职业道德的内涵，在带领学生到企业进行实训和顶岗实践中带头模范地遵守职业道德，培养学生的职业意识和良好的职业道德。

高职教育专业教师除了应具备良好的职业道德外，还应具备较为宽厚的行业、职业知识以及实践能力素养，能根据市场分析、行业分析、职业分析及职业岗位群分析，对专业课程进行开发与改革，调整和改进教学目标、教学内容、教学方法、教学手段，注重对学生进行职业知识与职业技能的传授和综合职业能力的培养。

（三）终身学习和创新意识

当今社会以及未来社会，对人的标准和要求发生重大变化，劳动者将以智力和知识为基础从事职业活动。知识已成为决定生产力、竞争力的基础，知识成为经济发展的关键因素。尤其是我国当前正处在调整产业结构、产业升级、改变经济发展方式时期，需要数以千万计的高素质劳动者和数以百万计的高技能应用型专门人才，这样一大批的拥有新知识和创造能力的人才始终是一个社会技术实力的基础，也是综合国力的基础。在科技迅猛发展，新技术、新材料、新工艺不断出现的知识经济社会中，作为一名高职教育的专业教师要承担起培养具有新知识结构和创新能力的人才的任务，就必须不断地学习和充实，使自己具有与时俱进的新知识结构和创造才能，创造性地教书育人，不断创新人才培养模式和改进教学方法。在施教过程中要关注培养学生终身学习意识和不断发展的能力，使培养的学生能跟上时代发展和社会进步。因此，高职教育专业教师要具有终身学习和创新的意识，这是一个很重要的素质要求。

（四）具有广博的知识结构和过硬的技术技能

随着具有我国特色的现代职业教育体系的建立和完善，现代高职教育要求把文化基础教学和专业理论与技能教学提高到新的高度，这意味着专业教师的知识结构和技术、技能水平要相应地提高。要求教师应具备现代社会知识阶层和经济、技术阶层所需要的广博知识面，要求教师要有与教育科学和所教学科相应的精深的知识与技能，以及与指导实践教学相应的过硬的技术、技能水准。现代高职教育，一方面要为学生继续接受高等教育和终身学习打下扎实的文化基础，另一方面还要培养学生适应 21 世纪需要的经济意识、创新意识和必要的技术、技能。因此，从事高职教育的专业教师既是教育的行家里手，同时又是经济领域的行家和技术界的高手。这就是教育家、企业家和技术专家三位一体的教师素质。这三位一体的素质就是彰显具有广博的知识结构和过硬的技术、技能的现代高职教育专业教师的素质。

（五）掌握现代教学理念和现代教学手段

高职教育改革在经济发展和社会进步的拉动下不断深入，科学技术不断发展，尤其是计算机科学迅猛发展，"高职中心""课堂中心""书本中心""教师中心"的传统教学模式正进行着革命性的改造。在信息技术高度发展的社会中，教师不再完全是知识的占有者和传授者，教师在教学实践过程中不是主角地位，而是作为责任者起着组织者、引导者、服务者的作用，形成"学生主体，教师主导"的教与学的关系。教师要运用具有高职教育特点且符合职业教育教学规律的教学模式和教学方法，切实提高教学质量。教师要有能熟练运用现代教育技术和教学设备的能力，提高教学质量和教学效益。

（六）能进行技术研发和教学研究

教师的技术研发和教学研究也是教师的创新素质。一位合格的高职教育专业教师应该是一位研究型的教师，能在以教学为主的前提下，积极进行技术研发和教学研究，把科研成果融入教学内容。专业教师要遵照高职教育的教学规律，理性地思考和反思自己的教学实践，勇于进行教学试验与改革。专业教师的科研工作重点是教学研究，教学研究是衡量一个教师的业务水平和彰显教学能力的主要方面，它反映出教师的综合水平和高职教师的综合实力。可以说，没有教学科研就没有高职的教学改革，没有教学改革就没有高职教育的发展。

教师的技术研发的核心是新技术开发与应用，教学研究的内容是文献检索、信息接收与加工、教学实践总结与提升、教学实验、合作研究、撰写论文和科研报告等。

二、科学文化素质

高职教师是一种具有特殊知识结构的复合型教师，其科学文化知识主要体现在专业知识、教育知识和职业知识方面。

（一）专业知识

专业知识是指教师的工作范围、工作职责和工作内容所需要掌握的知识。专业教师要具备本身所胜任的专业教学的学科专业领域的知识。专业领域知识包括专业理论知识、专业实践知识和应用性知识。专业知识涉及专业教学活动中的实训、实验方面的知识和专业教学实践知识。

专业实践知识是指专业改革、专业建设、专业人才培养方案、专业人才培养教育目标、专业课设置等方面的知识；专业教学实践知识是指如何开展专业教学活动的操作性知识和如何教学生学习实践技能的实践性知识。

专业应用性知识是指对专业理论与专业实践的转化和运用方面的知识，也就是说，专业教师不单纯是从事自己的专业工作，而且是从事专业教学工作，这就要求专业教师应具有在实践中高效地将自己的专业素质转化为教育工作的能力。这就需要专业教师对自己的专业活动进行整体性的认识和判断，即如何认识自己的专业、专业价值和专业教育。

（二）教育知识

专业教师在教育知识方面应具备教育理论知识、教育实践性知识和整合应用知识。教学理论知识包括教育学、心理学、课程、教育教学管理等方面的一般知识、理论，以此为教育教学活动提供观念性的引导。

教育实践性知识是指依凭个人的生活经验、人生哲学、人生理念，高度综合并内化成学科知识、教育心理知识和运用到具体教育教学实践情境中的知识形态。

实践性知识是指面向实践的知识，它是专业教师有效从事教学工作的前提，实践性知识一方面来自对外界已有的实践性知识的学习，另一方面来自教师自身在长期的教学过程中所生成的智慧，即教师实践性知识是在实践中逐渐构成的。

整合应用性知识是在认识性知识和实践性知识的基础上，设计科学、合理、有效、良好的教学过程方面的知识，也就是关于教学过程、教学效果、学生学习结果的评价与判断的知识，评价自身教学活动和改进、调整的知识。

（三）职业知识

高职院校专业教师是传授专业的职业知识、职业技能的教育者，不仅要掌握专业知识还应具备相应的职业知识。职业知识包括一般职业科学理论知识、职业实践知识和整合应用知识。

职业理论包括具体的职业理论知识、某一职业价值、企业文化和企业制度等。为此，教师要能够及时掌握企业信息，了解技术发展变化的趋势，在教学中介绍行业的新技术、新知识，能将其融入教学。

职业实践知识主要是工艺过程知识、生产流程知识，也就是在真实的工作场景中如何操作、如何制造、如何加工的知识。

整合应用知识是指对职业理论及相关职业活动中的加工生产过程进行实践和设计应用的知识。主要表现在职业工作或职业操作过程中对自己的观点认识和行为实践的评判。教师教给学生职业技能和操作能力的教育过程并不是单纯的直线式演示和传递，而是教师自身对职业技能的分析评判，将理论知识和实践知识进行重新再认识并运用在教学过程中，对学生进行有效的技能教育。

三、教学能力素质

（一）教学能力

教师的教学能力来自扎实的专业功底和一定的专业理论及其行业背景知识。教学能力表现在：一是能根据市场调查分析，根据行业、职业、职业岗位群分析调整课程内容，制定相应的教学目标；二是具有系统的教学设计能力，能胜任两门以上的专业课教学和相关的实验、实习、实训、课程设计、毕业设计的指导，并熟悉相关课程内容，能编制课程教学大纲，能运用现代教学技术进行教学，具有教育教学管理基本能力和良好的教学监控能力；三是能够根据本专业特点从实用性和针对性采取多元性的教学模式，能自如地运用有高职教育特点的探究式、过程导向式、项目引领式、模拟仿真式等教学方法开展教学；四是具有激发学生学习兴趣和创新思维，充分挖掘学生潜能，培养学生分析问题、解决实际问题的能力。

（二）教学改革与研究能力

高职院校专业教师的科研能力不同于普通高职教师，是把技术应用、技术开发和技术转化融入教学中为主要特征。教师的教学改革与研究能力体现在：一是具有一定的外语水平，对专业理论、专业教育史、本学科学术流派等知识能有相当的了解，并具有运用高职教育教学规律去主持和指导教学改革的能力；二是要善于用新观念、新信息、新技术分析新问题，改革教学模式和新的教学方法，以适应外部环境的变化和主体发展的需要；三是要具有良好的创新精神、创新意识，掌握创新特点和规律，组织和指导学生开展创造性的实践活动；四是具有较高的学术研究水平，能指导专业建设和解决教学实际问题，能构建具有高职教育特色的课程体系、能承担综合课程开发、设计教学内容体系和参与研制人才培养方案、专业教学方案的能力；五是具备能够申报、主持和组织实施专业技术和专业技能、专业建设、专业教学等方面课题的能力；六是具有一定的实践操作能力和实践创新开发能力，能将成果融入教学中，并能创新地解决和回答学生提出的生产实际问题。让教师成为一名会调查、能搜集和整理资料，能试验设计，能成果转化的应用型的研究者。

（三）专业技术能力

现代高职教育必须反映现代生产技术要求，了解生产实际，跟踪技术的发展。作为"双师型"专业教师首先应该掌握所教学科专业的高新技术知识和本专业领域内的某些传统和高新设备的维护和操作技能。具体要求专业教师，一是具有工艺能力、设计能力和技术开发与技术服务能力，并能在具有丰富的行业背景知识和一定的专业实践经验前提下，及时了解行业和市场行情能力，掌握本专业产品或服务的工作要领；二是具有中级工以上水平的专业的操作、工艺实验能力，并有能准确、熟练地示范、演示、指导的能力；三是能熟练地运用专业理论和专业实践知识向学生介绍和讲授产品或服务的信息、生产、销售策略、公关知识；四是要具有了解本专业实践工作的综合素养，做到既能胜任与专业相关的实训、实习、就业指导，又能指导学生参加相关行业的技能资格、技能等级考核等，指导学生通过实习、实训让学生感受和学习企业文化。

（四）行业联系能力

高职院校专业教师为有效地开展社会实践活动和实践教学活动，除了要有与学生交往与沟通的能力外，还要有与社会、行业、企业人员进行多方面沟通与协调的能力，共同组织学生开展社会实践活动。这就要求专业教师要有较强的交往和组织协调能力。具体的要求，一是具有通过各种有效媒体、访谈、交流等多种渠道搜集行业信息的能力；二是具有胜任或参与企业相关岗位工作的能力，如能协助企业开展有关战略发展规划、提高企业管理水平和技术开发的能力，在开展实践教学和学生顶岗实习中有配合企业技术人员向学生展示相关岗位操作技能和顺利完成学生观摩、实习、实训等教学任务的能力；三是要有分析预测能力，能根据地方经济发展趋势，用系统观点和科学分析的方法对当地产业和行业发展方向进行分析，进而推测高技能人才的需求，并能为其提供一定的产品开发和技术服务。这些能力要求"双师型"专业教师的接触面要广、活动范围要大，要有较强的交往和组织协调能力。

（五）课程设计能力

课程设计能力一是要求教师能根据职业分析，设计职业岗位能力分析方案，并在此基础上制定教学目标和教学能力标准。二是要求能根据学生的需求、兴趣和就业愿望，确定课程目标，制定课程教学实施方案。三是要求能根据课程标准和教学目标，构建课程内容体系，编写出相应的教学材料（讲义、教科书）和教学大纲等课程文件。

（六）教学实施能力

专业教师的教学实施能力表现：一是要能系统设计教学和编制教学实施计划，特别是能制订基于工学结合的实践教学计划，能选用适宜高职教育特点的教学模式和教学方法，能熟练运用多媒体等现代教育技术进行教学，保证有效开展教学活动。在教学过程中要有良好的教学管理和监控能力，而且还能就教学过程进行反思，对出现的问题进行改进，提高教学质量。

（七）管理学生能力

"双师型"教师既是理论教学的施教者，也是实验、实习的指导者，还是校内外产教结合的研发者和高职管理的参与者。为此，要求教师要掌握教学行政管理、技术开发管理、教学设施使用管理、高职良性运行管理及行业、企业管理的程序和法则。在施教过程中，一是要求能在课堂、实习、实训以及社会实践中有效地管理学生，并能把学生的思想品德教育融入其中；二是要求能为学生提供职业指导、就业、择业和职业生涯规划服务；三是要具备对学生学业成绩测量和评定的能力，能制订学生学业成绩测量和评定的阶段性和全程性的测评以及综合测评计划。

（八）专业发展能力

社会里的行业、职业日新月异的变化，作为"双师型"教师必须善于不断接受新信息、新观念、新知识去分析新情况，解决新问题。这就要求教师根据自己的实际情况和科学技术的发展状况不断更新自己的知识体系和能力结构，并以良好的创新精神、创新意识去超前、多思维、求异思考所遇到的问题，指导学生开展创造性的教学活动。为此，首先，要求教师能在对自己专业发展进行诊断的基础上制订个人专业发展规划，选择适合自己的继续教育方式，按规划完成提高和拓宽专业知识以及技术的学习任务。其次，能通过多种途径学习及时获取本专业课程新标准和新内容，使教学内容与新职业岗位对接，提高课程与职业的适宜度。最后，能根据自己的专业技术和专业技能的现实水平与教学提高的要求，有计划地到企业参加技术和产品研发工作，并在参加职业岗位的专业实践体验、技能学习过程中把获得的成果转化为教学材料，以充实和改革教学内容和实践教学内容。

第三节　双师型教师教学能力培养

一、"双师型"教师概念的形成

"双师型"教师是我国职业教育发展到一定阶段产生的一个独特的概念。该概念的形成大致经历了四个阶段。

（一）源自职业教育发展的现实

20世纪80年代初，我国的职业教育特别是中等职业教育开始迅速发展，大量的普通高中改制成为职业高中，这样的职业高中没有职业教育的经验，没有相应的设施设备，没有专业师资。所以当时的职业高职很自然地寻求与企业的合作，专业课与技能课的教学多由企业人员担任。随着职业教育的发展，职业高职开始有了自己的实习与实训设施，通过改行等方式培养专业课教师，并从高职毕业生中引进专业师资。但是恰恰是职业高职办学独立性（封闭性）的增强，在师资方面出现了严重的问题：无论是职业高职自己培养的教师还是来自高职的毕业生，普遍缺乏动手实践能力，无法承担起培养学生职业能力的重任。由此，如何通过后天的措施对原有的师资进行"改造"，以适应技能型人才培养的需要，成为师资队伍建设的重要内容，"双师型"教师就是在这样的背景下提出的。

（二）形成于高职高专的实践

20 世纪 80 年代末 90 年代初，高职高专得到快速的发展，一个重要的背景是，高职高专的前身多为以前的中专，是以理论教学为主的学术性的专门高职，升格为高职高专后，其师资结构同样无法适应职业教育的发展需要，专业课教师有较好的理论功底，但是实际动手能力偏弱，在高职高专，职业教育的理论研究与实践上的探索较之于中职高职更为系统与深入，在师资队伍的建设方面，鉴于专业教师的动手能力普遍缺失现象，高职高专首先提出了"双师型"教师的培养问题。因此一般认为，"双师型"教师的概念最早是由工科类专科高职在实践的基础上提出的。

（三）受推于政策与行政的力量

"双师型"教师的概念在职业教育领域所以能受到广泛关注，并成为职业教育师资培养的重要组成部分，与政策的引导、推动密切相关。要采取教师到企事业单位进行见习和锻炼等措施，使文化课教师了解专业知识，使专业课教师掌握专业技能，提高广大教师特别是中青年教师的实践能力。要注意从企事业单位引进有实践经验的教师或聘请他们做兼职教师。要重视教学骨干、专业带头人和双师型教师的培养。

（四）明确于新时代的要求

抓好"双师型"教师的培养，努力提高中、青年教师的技术应用能力和实践能力，使他们既具备扎实的基础理论知识和较高的教学水平，又具有较强的专业实践能力和丰富的实践工作经验；要有计划地组织教师参加工程设计和社会实践，鼓励从事工程和职业教育的教师取得相应的职业证书或技术等级证书，培养具有"双师资格"的新型教师。

"双师"素质教师是指具有讲师（或以上）教师职称，又具备下列条件之一的专任教师：其一，有本专业实际工作的中级（或以上）技术职称（含行业特许的资格证书）；其二，近五年中有两年以上（可累计计算）在企业第一线本专业实际工作经历，或参加教育部组织的教师专业技能培训获得合格证书，能全面指导学生专业实践实训活动；其三，近五年主持（或主要参与）两项应用技术研究，成果已被企业使用，效益良好；其四，近五年主持（或主要参与）两项校内实践教学设施建设或提升技术水平的设计安装工作，使用效果好，在省内同类院校中居先进水平。

要注重教师队伍的"双师"结构，改革人事分配和管理制度，加强专兼结合的专业教学团队建设，逐步建立"双师型"教师资格认证体系，研究制订高职院校教师任职标准和准入制度。"双师型"教师队伍建设逐渐成为高职教育实现培养目标的必然性要求，是提高职业教育教学质量之举措的重要内容。而"双师型"教师作为一个有中国特色的新概念也日益受到多方关注，在教育界引发了多方探讨和多种释义学说。

从"双师型"概念的提出历程可以看出，"双师型"概念的发展经历了"重素质"到"重结构"再到"素质和结构并重"的过程。从 21 世纪起，教育部的相关文件则开始既关注"双师型"素质，又关注"双师型"结构，指出高职院校要规划和建设兼具"双师型"素质与"双师型"结构的专业教学团队。

二、"双师型"教师概念的剖析

（一）"双师型"教师的范围

"双师型"教师概念所体现的范围既包含教师个体，也包含教师队伍整体。教师个体的"双师型"体现为"双师型"素质，教师队伍整体的"双师型"则体现为"双师型"结构。教师个体通过学习、积累、提高知识和能力的方法来养成和达到"双师型"素质，教师队伍整体则通过"内部培养""联合培养"和"外部引入"等途径来形成和达到"双师型"结构。只有对教师个体和教师队伍整体同时进行培养和建设，才能尽快达到教育部对高职院校，尤其是骨干高职院校"双师型"教师及教师队伍的建设要求。

（二）"双师型"教师的来源

"双师型"教师概念所体现的来源既包含校内专任教师，也包含校外兼职教师。职业教育不同于普通高等教育，是一个开放性强于封闭性、实践性强于理论性的教育，"双师型"教师的来源必须二元化，才能保证职业教育培养出技能型人才，并使其动手能力强，顶岗就能用。因此，校外兼职教师不是职业教育"双师型"教师及教师队伍的必要补充，而是职业教育"双师型"教师及教师队伍的一个重要组成部分。因此，只对校内专任教师进行"双师型"培养和建设的理念是狭隘的，高职院校应该有一个宽广的视野，对校外兼职教师也应进行"双师型"培养和建设，使其稳定化并达到职业教育的教学要求。

（三）"双师型"教师的知识

"双师型"教师概念所体现的知识既应有理论知识，也应有实践知识。可以理论强于实践，也可以实践强于理论，但是不能只有理论而没有实践，也不能只有实践而没有理论。因此，针对只有理论知识的教师个体和教师队伍整体，须通过各种渠道增强其实践知识，而对于只有实践知识的教师个体和教师队伍整体则必须通过各种渠道增强其理论知识。只有这样，"双师型"教师个体和教师队伍整体才能更好地将理论和实践融合起来，并将理论充分指导和运用于实践，从而突出职业教育实践性强的特点。

（四）"双师型"教师的能力

"双师型"教师概念所体现的能力既应有专业能力，也应有教学能力。只有专业能力而没有教学能力的教师个体及教师队伍整体，不能将专业知识和能力有效传授给学生；而只有教学能力而没有专业能力的教师及教师队伍，则不能传授给学生有效的专业知识和能力。这两种情况都将严重影响到高职院校"双师型"教师及教师队伍运行的实际成效。因此，在"双师型"概念的发展历程中，要求校内专任教师必须以教学能力为基础来培养和提高其专业能力；而校外兼职教师则必须对其进行教学能力的培养，促使其将专业能力转化为教学实效。

三、"双师型"教师的内涵

（一）高职院校"双师型"教师首先应是个合格的高职教师

高职院的教师，首先应取得高等教育法规定的教师资格。从教师的职务、职称来看，只要他是合格的教育者，并具备相应的社会实践经验、能力，助教也可以进入"双师型"教师行列，而不一定非是讲师（或以上）才可以认定为"双师型"教师，否则将不利于"双师型"教师队伍的整体建设。

（二）"双师型"教师应具备相应的实践经验或应用技能

第一，从技术职务（职业资格）的条件看，如果已经是个合格的高职教师，又具备初级以上技术职务（职业资格）的话，就可以进入"双师型"教师系列。

第二，对已获取初级以上技术职务（职业资格）的教师来说，不能见到"双证"就定为"双师"，学院应进行以下方面的把关。一是看其拥有的技术职务（职业资格）是否与其所施教的专业一致；二是看其考取的证书是否从理论到理论，即是否通过纯考试手段获得的。据此，我们建议将教育部"有两年以上在企业第一线本专业实际工作经历"与"有中级（或以上）技术职务"的分别规定合而为一，并作如下修正，即符合如下条件的可认定为高职"双师型"教师："具备助教以上的合格教师，获取初级以上技术职务（职业资格），并在基层生产、建设、服务、管理第一线有累计两年以上实际工作经历的。"

第三，对"主持或主要参与二项应用性项目研究，其研究成果被企业应用，并取得良好经济效益和社会效益"，作为"双师型"教师"实践能力"的条件，我们认为应该将"良好"从定性转向定量。如规定科研成果须给企业当年直接增加税后净利 10 万元以上，或获得区（县）以上政府特别嘉奖的，方能作为高层次"双师型"教师实践能力的条件。

（三）"双师型"教师按专业不同，其素质要求应有所不同

高职院校的专业可按大类分为社科类（企业管理、市场营销、财会、法律、物流、商务等）与技术应用类（机械制造、应用化工、电子信息技术、精密加工、自动控制等）。

社科类"双师型"教师应该突现以下方面的素质：社会实践经验的积累和应用；良好的沟通、协调和组织能力；信息社会、市场经济和全球化的适应和引导能力；扎实的专业知识水平和专业应用能力；与时俱进的创新能力。

技术应用类的"双师型"教师则应突现以下方面的素质：了解并掌握所授专业相对应行业的应用技术的动态，能够通过专业授课、实训、实习，使学生掌握就业岗位所需的应用技术和职业技能；具备肯动手、勤动手、会动手的操作习惯和实践修养，引领学生走"从书本到实践，再从实践到书本"的技能提升之路；能够教育学生形成相关行业的职业素养，如维修技术人员"不怕苦、不怕脏"的品质等；能够通过应用项目的研究和应用技术的创新等活动，培养学生的技术创新、技术革新意识和能力。

（四）不同层次的"双师型"教师的素质和使命应有所不同

按照专业理论水平和实践能力，高职院校的"双师型"教师可分为初级、中级和高级，分别对应助教、讲师和副教授以上三个层面。

第一，助教级的"双师型"教师，主要以讲授理论课为主，同时能够指导实训。在实践应用方面，他们一般不够全面和深入，但对所授专业相关的社会实践有整体的了解。他们必须通过高职实验、实训和参加更多的社会实践，丰富实践经验，提高实践技能。

第二，讲师级的"双师型"教师应具备扎实的专业知识、专业技能，掌握所授专业相关行业动态和职业技能；同时能够根据行业和职业的发展变化，对本专业建设提出有价值的建议。

第三，副教授级的"双师型"教师的专业水平和专业应用能力，应相当于专业指导委员会委员的水平，能够通过参加高级专业研讨会、亲身社会实践、进行行业（职业）调查和专业分析等一系列活动，对专业的社会适用性、专业课程的设置和调整、专业的变化方向及实践教学创新等提出建设性意见，从而为高职专业开发和建设做出较大的贡献。

总之，"双师型"教师绝非仅指"双证书"教师。放眼未来，"双师型"教师还不是理想的高职教育教师，未来理想的高职教育教师在专业理论知识和专业实践能力上应呈现整合的"一"，而不是目前所强调的"双"，"双师型"教师也只是我国现阶段高职教育教师专业发展过程中的一个过渡性的必然产物。

四、"双师型"教师教学能力的培养途径

（一）自主学习发展途径

高职院校"双师型"教师培养既要有良好的外部条件，更应重视教师内因的激发，突出教师的内在价值和需要，发挥教师个体在"双师型"化过程中的主观能动性，调动教师自我发展，追求卓越的积极性。尤其应提倡教师自身的反思性学习与研究，因为反思有助于教师把自己的经验升华为理论，有助于教师获得专业自主。没有反思的经验是狭隘的经验，至多只能是肤浅的知识，教师只有善于从经验反思中吸取教益，才能不断改进。师资培训只能教授教师的本体性知识（学科知识）和条件性知识（教育学、心理学、学科教学论等），而"双师型"教师的实践性技能需要教师在专业实践与理论学习中生成与发展。"双师

型"教师应结合教学工作和专业实践，学习新理论和新技术，不断完善自己的知识结构，提高专业技能水平，促进专业技术的不断完善。

教师的自主学习优点在于能克服以往双师队伍建设培养成本高、周期长的弊端，容易贯彻"缺什么，补什么"的原则，体现工学结合的特点，做到培训与教学以及科研紧密结合，避免理论与实践的脱节。专业教师经过长期的自我学习和训练，掌握系统的专业理论和技能，其成果可直接转化成教师的教育教学能力，尤其能促进实际技能与理论教学双重能力的共同提高。

在自主学习模式中，不同的教师有不同的需求。学院应尽量满足这些要求，对需要提高学历的实践课教师，除给予一定的资助外，还应在保证教学的前提下，尽可能给予其时间上的照顾。对需要提高实践能力的理论课教师，要鼓励他们参与实训教学条件的建设、改造和更新，参与到实习教学的整体过程。通过实践活动，提高技术转化、推广和应用的综合能力。无论是理论课还是实践课教师，都要组织他们开展有关项目的科技研发活动，承担产品设计、工艺革新和技术咨询等工作，提高他们的专业理论水平，培育他们的专业情感，形成技术应用能力、科研能力、工程实践能力与创新能力，促进"双师型"素质的形成。此外，还要支持教师参加相关行业的资格证书培训和考试，对取得各类职业资格证书、执业资格证书和职称资格证书的教师在培训考试费用上给予报销。

（二）生产实践训练途径

当前高职院校教师普遍缺乏企业实际工作环境的熏陶，缺少企业的实际工作经验，缺少对企业最新技术和工艺的了解。通过生产实践训练，能弥补教师在这些方面的不足。因为生产实践训练加强了教师与企业技能人才的联系，促使教师深入生产第一线以更好地掌握专业技能。因此，生产实践训练是培养"双师型"教师很重要的途径。

生产实践训练不仅能提高教师的实践能力，而且还能确保教师教育教学水平与日俱增。高职教育是高等教育的重要组成部分，理应为区域经济建设、科技发展和社会进步做出自己的贡献。高职教育教师是高职院校科技服务的主力军，必须具有在经济建设服务中学会服务并不断提高水平的能力。另一方面，科学技术迅猛发展、日新月异，新技术、新工艺、新材料不断涌现，生产设备和产品不断更新，新技术从发明到应用的时间也越来越短。无论是参加过专业培训的教师，还是从生产一线引进的教师，若长时间圃于校园，限于课堂教学，势必会知识陈旧，实践能力退化，难以适应高职教育培养目标和发展的需要。这就要求高职教育教师特别是专业课教师要经常地参加科研、生产和社会实践，接触实际，继续学习，积累新的经验，不断提高自己解决实际问题的能力。

高职教育培养的是应用型、实用型人才，因此，指导学生进行实际专业操作和解决实际专业问题，是高职教育教师最主要的教学内容。学习操作与学习理论不同，学习操作首先表现为动作模仿，而学生模仿的好坏主要取决于指导教师的操作动作示范。另外，当学生在实际操作中遇到困难时，需要指导教师为其提供参考建议，以便学生自行摸索和创造新的解决方案。教师要想高质量地完成这项工作，必须具备能非常熟练地进行实际操作和指导学生解决问题的能力。

要提高"双师型"教师的职业能力，要求专任教师定期到企业挂职或顶岗锻炼，例如一个高职院校可以联系多家固定企业，每 5 年安排不少于半年的时间到生产和管理第一线参加实践，学习新知识和新技术；另一方面要求指导企业的技术革新，产学研结合，了解相关企业在市场中的实际情况，为企业提供综合分析报告。

高职院校经常主动与企业建立联系，确保教师能够经常到企业工作和学习，及时熟悉和掌握企业生产和工艺过程的特点，以及正在发生的变化，不断学习和更新知识。教师通过在企业工作，了解企业生产过程中存在的问题与困难，帮助企业解决这些问题，可以提高教师研究、分析和解决问题的能力，积累丰富的实践经验，提高教学水平。同时，有条件的高职院校应敞开大门，利用自身在设备、场地和人员上的优势，建立以生产为主导的校内生产性实习基地，广泛吸收生产、服务、管理一线熟谙专业技能且适合教师岗位的专门人才。这不仅可以充分利用教育资源，缓解人员压力，还可以把生产、服务、管理一线的成功经验引入课堂和实训环节，从而带动高职院校教师队伍的发展和建设。

（三）社会服务拓展途径

高职院校的功能是教学、科研和社会服务，高职院校作为高等教育机构，以直接为社会经济发展服务、为产业部门培养各类劳动力为办学宗旨，与普通高等教育相比，其服务社会的功能更为突出。提倡和强化高职院校教师积极投身于社会服务，对提高高职院校教学质量有着积极而又重要的意义，这也是提高教师专业技能的重要途径。

新的历史条件下，高职院校的教师不再是传统的"知识传递者"，也不再是知识权威的代表。他们不仅要有知识和学问，为所有学生提供高质量的教学，更重要的是要有将知识转化为实践技能的经验和能力。高职院校的教师必须保持着自主探索精神，具备丰富的专业实践技能，能够迅速且有效地对社会和市场变化做出反应，并有能力转化科研成果，承担企业和社会的课题研究及服务项目。显然，这样的角色转变单靠政策引导、机制转变来实现是远远不够的。应该把树立教师"自我更新"的专业发展意识作为改革发展的关键，这是一种主观的、更为持久的动力，也是教师专业水平发展的标志。高职院校"双师"教师专业技能的成长是内外多种因素相互作用的结果，教师的主动发展是核心和关键，主动提高社会服务能力，应成为教师专业技能发展的"一种日常生活样式"。高职院校教师要有"自我更新"的专业发展意识和自我反思的实践意识，适应不断变化的社会，丰富的职业生涯，自觉保持同行业企业的合作关系，使社会服务成为其职业技能发展的支点之一。

第七章 高职教育教学开放式创新发展

第一节 高职推行开放性教学的适切性

我国经济发展过程中产业结构调整和技术的升级换代对人才的规格、类型以及素质提出了越来越明确的要求。应用型、技术技能型人才开始备受社会的欢迎，社会对高等职业教育的要求也越来越高。随着社会用人标准、生源数量及特点的变化，高职院校继续沿用传统的教育教学模式已不能适应当前形势，教学改革势在必行。一些区别于普通高等教育，符合职业教育特点的教学理念、教学方法和教学手段必将在高职院校中得以推行。开放性教学因其开放性、灵活性以及以学生为中心的特点更符合高职院校提升教学质量的需要，有助于高职学生提高动手实践能力，适应未来岗位需求并提升整体素质；这种教学集中反映了高职院校的发展趋势，有助于推动高职院校教学全面、彻底的改革，也有利于产学研合作教育的切实践行；它能够促使高职院校向注重内涵建设的方向发展，为社会提供更多的具备职业素质以及人文素养的技能型人才。因此，当前在高职院校中推行开放性教学具有一定的适切性。以下从必要性、可行性以及紧迫性三个方面对高职院校推行开放性教学的适切性展开论述。

一、从高职院校三大发展看推行开放性教学的必要性

（一）推行开放性教学是高职教育向高级阶段发展的必然要求

我国高等职业教育的发展，大致经历三个阶段，即初级阶段、中级阶段和高级阶段。

初级阶段为 20 世纪 80 年代至 90 年代。国家营造了大力发展职业教育的良好政策环境，职业教育的规模和速度获得了较快的发展，初步建立起以职业高职院校教育与职业培训为主的职业教育体系。但囿于当时的国情，绝大多数院校办学条件十分有限，教学观念、教学方法以及教学手段较为落后，符合职业教育要

求的师资队伍还未形成，高职院校运行管理不尽规范，缺乏职业教育办学的鲜明特色。进入 21 世纪后，由于社会的需要以及高职院校自身发展的要求，许多地方的一些中等专业高职院校陆续"升格"，社会上涌现了一批高职院校。但它们当中的大多数受原有办学层次和水平的限制，在教学内容、人才培养目标以及考核评价上仍未摆脱中等教育的特征，仍处于高等职业教育发展的初级阶段。

中级阶段是指 20 世纪 90 年代末至 21 世纪初，国家确立了教育结构调整的思路，出台了一系列重视发展职业教育的政策。许多地方为高职院校发展提供了较好的政策性支持，这些院校的办学条件得到改善，教育教学观念亦有了明显提升，在实践中进行了符合职业教育特色的探索。拥有了一定数量的"双师型"教师，师资队伍从满足职业教育特色的角度来看基本达标；高职院校运行管理较为规范，形成了具有职业教育特点的管理制度。高职院校培养的人才，能够基本满足行业生产的需要，并得到用人单位和社会的认可。

高级阶段是指高职院校的办学条件十分完善，具有先进的职业教育理念以及符合职业教育特色的办学模式，教育教学实践具有一定的创新性。院校专业设置符合区域社会经济发展的需要，能够不断带动技术革新，在一些行业或产业中对生产技术的进步发挥了引领作用。坚持'以人为本'的教育理念，能为学生提供比普通教育更加多样化的课程类型，使更多的人找到适合于自己学习和发展的空间。拥有众多高素质、"双师型"教师，师资队伍的水平和结构符合或超出了国家的标准要求，高职院校办学呈现出鲜明的职业教育特色，在区域内能够在一定程度上带动产业的发展。

从以上对处于不同发展阶段的高职院校的分析对比当中，我们不难看出，伴随着发展阶段的提升，开放性的教育理念以及教学手段发挥着越来越重要的作用。尤其在中级阶段后期以及高级阶段中，开放性是高职院校发展水平的先进与否的重要标志之一，亦是它们之所以发展到该阶段的重要动因。从初期较为简单的教会学生操作机器到后期的培养学生一定的职业素养，再到实现人的全面发展，开放性办学贯穿始终；开放性教学也正在逐渐成为高等职业教育的一大鲜明特点及发展趋势。因此，开放性教学是高职院校教学改革与发展的必由之路。

（二）推进开放性教学是地区经济产业向高级阶段发展的必然要求

一流的产业必然要求一流的高等职业教育。改革开放后深圳职业技术学院的发展便印证了这一点。在多年的快速发展后，深圳的产业规模和技术水平已达到了非常高的程度。

反之，超前发展的职业教育也必然会拉动产业朝着一流的方向发展。目前，国家的京津冀一体化发展战略为河北的职业院校带来了新的发展机遇，石家庄市以及河北省的产业经济水平将会迎来跨越式的发展，对应用型人才的培养提出了更高的要求。石家庄职业技术学院近年来大力开展开放性教学的探索，积极进行企业横向课题的开发，很多专业的教学密切结合企业的实际生产流程，部分科研成果为产业技术升级改造提供了强大的智力支持，为企业增收几千万元。通过开放性教学模式的实践，现代高等职业教育未来必将对石家庄乃至区域经济快速发展产生积极的影响。

（三）开放性教学是新形势下高职院校师生向更高层次发展的必然要求

教师的发展可分为三个阶段。初级阶段的教师其角色就是"教书匠"，仅仅简单的传授理论知识。中级阶段的教师就逐渐具有研究意识，能够在教学中有一定的创新能力。高级阶段的教师具有先进的教学理念、丰富的教学经验并掌握现代化的教学手段，是一定范围内的教学名师或大师。高职院校必须着力培养高水平的"双师型"教师，促进教师的发展。而教师的发展有赖于对教育科学以及产业技术发展的经常性学习与关注。

学生的发展也有三个阶段。在初级阶段，学生的主要任务是学习专业知识，掌握基础理论，主要学习方法是死记硬背；在中级阶段，学生在掌握一定的基础理论知识后，通过动手练习还获得了可在实际工作中应用的技术技能；到了高级阶段，学生具备创新能力，能够在实践过程中发现问题、研究问题。没有一个开放性的教学环境，学生很难从初级阶段走向高级阶段。如果教学还只停留在"念书本、做习题"的阶段，高职院校的学生就学不到可运用到实际工作中的技能和素养。在开放性教学中，教师改革课堂教学模式，鼓励学生思考、创新，有利于学生不断提升自我，实现职业素养的提高。

二、从高职院校三个主体发展的本质看推行开放性教学的可行性

（一）高职院校发展的本质就是和社会产业高度的融合

高等职业教育发展至今天，已经与社会生产的联系更加紧密，使得它的教学内容就应该基于实际生产实践为基础展开。高职院校与社会产业的这种高效融合要求高职教学是开放性的，与地区产业水平是同步或超前的。高等职业教育的协

同性包括经济发展对职业教育的拉动作用和职业教育发展对经济的推动作用，在两者的共同作用下，高等职业教育与产业发展便能实现协同性发展。高等职业教育只有与社会产业相互协调发展、相互支撑，才能提升劳动力素质，推动经济社会发展。高职院校发展的这种本质要求促使其办学主体在教学设计、实施、评价等各个方面都要以社会的实际需要为基础，从最根本的功能和目的出发，推动高职院校的发展。

（二）教师发展的本质就是教师主体性的发展

教师要实现在教学内容、教学方法上的创新，就应该具有较高层次的视野、教育观念和教学策略。对于高职院校的教师来说，必须充分了解社会、市场以及企业的发展，应该积极走出去，走进企业、厂房、实验室；走出所在地区甚至走出国门。只有开放，教师才能够掌握最新的生产技术、教育理念，才能够了解并遵循最新的发展趋势，教学活动才能够有的放矢。同时，在开放、发展、提升的过程中，教师才能够形成实现自身价值的感受，才能获取教师这一职业给其带来的认同感、自豪感、幸福感。显而易见，给学生、教师更广阔的发展空间，使师生整个教育、教学过程取得更好的效果。

（三）学生发展的本质就是学生个性的发展

尊重个人选择，鼓励个性发展，不拘一格培养人才；关注学生不同特点和个性差异，发展每一个学生的优势潜能。学生在高职院校教育过程中主体性以及个性的发展与发挥，对教学的开放性提出了必然要求。高职院校具有很强的跨界性，不能够再沿用以往传统的、一成不变的教学模式和教学方法教育学生。在高等职业教育过程中必须充分认识到这些学生的特点，抓住"人的发展"这个高职院校教育的第一要务，同时紧密结合"职业性"这一高职院校特点，根据他们的不同智能类型提供差异化的教育服务，以满足学生的个性化教育需求，完全释放他们的潜能与个性。

三、从高职教育改革亟待完成的三大任务来看推行开放性教学的紧迫性

（一）推行开放性教学是进行课程改革和教学改革的重要任务

高职教育从其本身属性来说，就是强调培养学生的应用性能力、动手操作能力等。因此，高职院校课程与教学的改革势在必行。高职院校应该创建一种靠产业技术创新驱动课程改革的体系，促使教学内容适应社会需要，按照职业资格标准进行课程设计和实施。改变原有的学科体系设置，按照实际生产环节和步骤调整课程内容顺序及教学重点，同时进行职业文化渗透和技能训练。这就要求高职院校必须积极与企业、行业联系，紧密开展对接与合作，根据职业需要共同开发符合职业标准的课程。在教学中亦要采取开放性的手段与方法，改变原有的"重理论、轻实践"的教学模式，以学生为主体，鼓励学生主体参与。

（二）推行开放性教学是产学研高度融合的迫切任务

高职院校相比普通高等院校最明显的特征就是与区域经济产业的紧密联系，体现在教学上就是与企业、行业的高度融合，这是高职院校的本质属性所决定的。高职院校应积极探索开放性的教学模式，让课堂走出校园、把企业的老师请进高职院校，同时为学生提供"所学即所用"的知识和技能。把企业生产的真实环境引入校园或者把教学活动安排在车间、厂房，以实际的生产应用环节为教学内容，让学生以"当局者"而不是一名"旁观者"的角色参与到教学过程中。实现这样一种整合校园与企业资源的教育方式，就必然要求双方共同参与教育方案的制定以及实施。因此，在高职院校通过采取开放的教学模式来满足产学研高度融合的需要是一项非常迫切的任务。

（三）推行开放性教学是高职院校凝练办学特色的迫切任务

高职院校要达到发展的较高境界，就必须重视办学特色的凝练。但是自国家在 20 世纪 90 年代末期大力倡导职业教育后，其中的大多数在一定程度上仍然停留在原有的办学思路与办学模式上。而开放性教学则能够改变传统的、被动的教学模式。高职院校应该首先从教学环境入手，创设真实的企业生产环境，把课堂延伸到企业、车间，使学生能够在真实体验中学到职业所要求的知识和技能。其次，在专业设置、课程开发、教学计划实施等方面结合院校自身专业优势以及区域支柱产业，采取灵活、开放的方式与企业、行业对接。另一个方面，在开放性教学中还应注意与相关专业领域的大型企业联合，通过开发横向研究课题，充分利用高职院校的人员技术优势和企业的生产实践基础，推动产业技术创新，同时带动教学水平的提高。

第二节　高职开放式教学的基础建设

一、在开放办学中推进高职教育生态化

(一) 如何理解高职教育生态化

生态就是生物与自然环境的协调关系。生物是自然界的生物，自然界给生物提供了适宜的生存生长环境，它们共同构成了一个和谐的生态环境。"生态"一词现在内涵越来越丰富。人们把一切系统里健康、和谐、向上的状态都用"生态"来形容。生态学是研究生物与环境关系科学发展的学科。人、自然与社会三者的关系是生态学研究的重要范畴。生态平衡是生态学研究的一个重要问题。生态平衡理论认为，在一个系统里内外因素的结构与功能应该是有序、开放、和谐的动态发展格局。高职教育的生态化，就是要逐步形成使高职院校和谐、健康、持续、开放、系统发展的环境。

(二) 高职教育生态化的重要性

1. 高职教育生态化有利于高职院校获取最大程度的资源支持

高职院校的资源包括内部和外部两类资源。内部资源主要指高职院校内部的各种要素配置与组合产生的发展状态，外部资源主要指高职院校之外的各种社会力量与学院发展的关系状态。高职教育生态化作为高职发展环境最优化的目标，是一个日益转化的过程。高职院校只有在开放、有序的社会环境中才能更充分的获得发展所需要的各种资源。

2. 高职生态化会促进师生全面发展

在生态化的职业院校，教师充分参与企业合作，学生也有更多的通过跨界合作实现发展的机会。生态化的高职院校里，管理民主，校园文化环境一流，教学开放高效，师生关系和谐友好，师生教学相长，共生互促，实现最优化发展。

3. 有利于高职院校为社会充分做出自己的贡献

高职院校服务社会主要体现在四个方面：一是人才培养，这是最重要的服务；二是校企合作，为企业或其他社会机构提供科研与技术服务；三是文化服务；四是继续教育，从事社会培训。高职院校必然要服务社会，关键是服务社会

的广度与深度如何。在生态化高职教育里，高职院校与社会其他机构都是和谐、开放、互助的关系，这种关系会比以往任何时候能够让高职院校服务社会实现最大化与最优化。

二、推进专业建设的开放性

（一）专业是开放教学的基层平台

开放性教学在推进的过程中，一般存在三个层面，即高职院校层面、院系层面和专业层面。在开放性教学初期，一般先在某一个层面落实推进。例如，如果是学院领导发起，则高职院校首先要在高职院校层面进行观念培训，设计相关制度，然后逐层推动。但由于专业是教学的基本单位，归根结底，必须落实体现在专业层面。高职院校一般是按照专业制定人才培养方案、安排课程、开展教学的。如果开放教学总是浮于高职院校与二级院系的层面，则说明开放教学缺乏深度，还没有真正落实。

教学项目和课程着重于培养成功的工作表现所需要的能力。应依据劳动力市场对职业素质能力的需求重新编排课程和评估。课程改革必须集中在提高能力素质上，比如学会如何学习、互动技能、交流技能、信息处理、解决问题能力、思考能力。发展大量专业技能必须专注职业和公司培训，即在工作实践中学习。在当下体力劳动和常规工作逐渐被信息知识取代的社会中，这些预备知识学习就是最重要增加个人增值的过程。

教学革新最重要的是开发基于劳动实际过程发展专业学习课程体系。高职院校分析企业和产业找出各个工作岗位的工作目标任务。针对各个典型工作岗位的任务建立学习场地，并配以相应的教学目标。高职院校评估通过教学手段设计，制作过程和操作过程针对学生的知识掌握和运用进行专业评估。企业评估注重能力资格认证。评估标准基于教学评估，使得高职院校教学能持续和行业需求保持一致，增加学生就业机会。

（二）如何将开放教学推进到专业

当前，受体制等客观实际的限制，专业这个层面工作权力比较小，掌握的资源不充分，对开放教学的认识群体差异性明显，因此在把开放教学向专业推进时，存在着一些困难。这就要求，改革一些传统的做法，按照现代管理理念推进此项工作。第一，重心下移。高职院校管理的重心应该在二级院系，要充分放权，使二级院系拥有充分的权限。二级院系在统筹管理的同时，应该给专业组织赋予推进项目的更大权限。第二，资源配置。专业组织必须拥有一定的人力资源与财力资源。只有资源配置到位，开放性教学才能落实到专业层面。第三，项目推进。这是现代管理的一种较为科学的做法。

第三节　高职教育产学研合作教学

高职的培养目标是利用高职院校和企业两种不同的教育环境与教育资源，采取课堂教学与学生参加实际工作的有机结合，来培养适合不同用人单位需求的应用型人才。高职院校必须利用好高职院校主体以外的其他资源，这是由高职院校办学跨界性的特点决定的。过去，教育部关于高职院校升格有明确的土地面积限制，一些高职院校为了达标，跑马圈地、举债圈地，动辄千亩土地、万亩校园也不是什么新鲜事。一些高职院校的土地得不到有效利用，长期闲置，造成了国有土地和资金资源的严重浪费。现在，国家职业教育的宏观政策有所变化：一是构建形成职业教育体系；二是社会、企业及个人可以以不同资源形式入股以促进职业教育发展。因此，土地等多种资源共用的概念应当形成，不应该只强调学院自有土地，拘于一校之资源。

高等职业教育的教育坐标。首先，高职教育是一种教育；其次，它属于高等教育；最后，它属于职业教育。它具有高等性、职业性以及教育性。在教育坐标系中，它属于三横（基础教育、中等教育、高等教育）与三纵（职业教育、普通教育、成人教育）构成的坐标系当中最重要的位置，即最前面最上层的交叉位置，说明它在教育中处于十分关键的位置。

高等职业教育的社会坐标。在教育、文化、科技、企业等社会事业的纵向结构中，教育属于基础性事业。在横向结构中（基础教育、中等教育、高等教育_高等职业教育），职业教育处于前排中间偏上位置，它连接着社会各项事业，是产学研的中坚力量，是为各行各业培养操作层面专业技术人才的重要阵地。这说明高等职业教育在社会运行中具有十分重要、不可替代的作用。

2014年5月，国务院《关于加快发展现代职业教育的决定》出台，要求以服务发展为宗旨，以促进就业为导向，适应技术进步、生产方式变革和社会公共服务的需要，加快现代职业教育体系建设，深化产教融合、校企合作，培养数以亿计的高素质劳动者和技术技能人才。这就明确告诉我们，高职院校的发展转型，必须通过深化产教融合、校企合作，以此培养高素质的劳动者和双技人才。产学研结合，是高职院校实现发展转型的必由之路。

在这一转型过程中，高职院校的产学研参与方式是以培养适应地方传统产业技术升级的高技能人才，需要根据产业的技术调整来相应革新自身的人才培养方案，在课程设置方面做出适应性调整，尤其是在实训设备上需要与企业的生产设备革新同步。因此，在这一过程中，高职院校必须深入企业展开调研，与企业在实训室的建设上采取共建合作的方式，校企共同开发课程、重新设计教学流程。

产学研合作的第一个阶段是校企合作，校中厂、厂中校，这在职业院校已经不是新鲜事了。一些校中厂在被高职院校孵化以后，形成规模与质量更高的企业。这样的企业会为产学研做出更大的贡献。第二个阶段是校企合作形成的混合所有制二级学院。孵化出来的企业在行业里面产生了较大影响，职业院校可以与之形成混合所有制二级学院。当然，高职院校还可以与其他大中型企业共建二级学院。第三个阶段是集团化办学。

一、积极推进一般意义上的校企合作

借力发力——利用社会资源实现学院发展，这是高职院校教育的社会性问题。高职院校处在社会环境中，服务于社会，同时也不断获得社会的支持。只有把高职院校放在社会生活中，高职院校才能获得良好发展，高职院校培养出来的学生才具有很强的社会性。高职院校只要解放思想，就能获得必要的社会资源。相比较而言，高职院校具有比其他教育更强的社会性。为了培养适应市场需求的人才，我们就应当在一些课程上采用基于生产过程的教学模式。为此，寻求与大企业的合作共建就显得十分重要，在资源方面可以与企业共有共用，只有这样，中国的职业教育才可能办出真正属于职业教育的特点来。

职业教育校企合作，可以通过对协同创新内涵的把握和对自身优势的准确定位，通过建立高职院校教学与企业生产经营及科技研发紧密结合的灵活的体制机制，以科技和人才为结合点，在人才培养、科学研究、队伍建设等方面开展多方位、多途径的展开；可以针对行业产业领域的前沿技术问题，协同开展科研攻关和成果转化，不断提升企业的科技研发能力和竞争能力，提升职业院校的人才培养水平和主动适应区域经济发展的能力，改变以往企业只为职业院校提供学生实习实训基地，而职业院校则只是接受企业委托开展技术研究和咨询的传统合作模式，让职业教育校企合作育人模式更加充满生机和活力。

　　校企合作是职业院校培养人才的重要手段，随着经济社会和科学技术的进一步发展，校企合作、产教融合对高素质劳动者和技术技能人才培养的意义愈加重大。由于校企合作涉及多方主体，各方主体的利益需求有别、合作机制受限，实际运行中遇到诸多困难，多年来的职业教育发展中，校企合作成果难以达到预期，尽管各级政府出台了一系列保障与激励性政策，但至今依然存在许多问题。如何有效解决这些问题，应该充分处理好"政府"与"市场"的关系，遵循市场规律，发挥政策的杠杆作用。

　　零和博弈或零和游戏，是博弈论的一个概念。零和博弈是一种非合作博弈，一方的收益与另一方的损失加起来等于零，双方永远不存在合作的可能。在这种理论看来，人们总会把自己的幸福建立在别人的痛苦之上。

　　在校企合作中，要摒除零和博弈，坚持非零和理念，以实现双赢为原则。过去一些高职院校在校企合作中，没有充分考虑这一点，过分重视表面的合作协议，没有从双方共赢的角度考虑问题，致使合作未能走远。我们在产学研合作中，要充分考虑非零和，多站在企业与行业的角度考虑问题。从以往一些国家的成功经验来看，政府、行业、企业、高职院校的共同参与是职业教育校企合作的根本，缺少任何一方的积极主动，都将导致合作的失败。

　　政行企校合作是创新办学体制机制、完善校企合作运行机制的重要举措，是高职院校在政府部门主导下，与行业协会、企业实行联合办学的互利共赢新模式，实现信息互通、订单培养、政策共享。但是目前，高职院校在产学研用、协同创新过程中缺少创新性平台，加之校企合作过程中的利益分配机制不健全、信息不对称等诸多问题，使得目前的校企合作成效不显著，这也成了困扰职业教育改革与发展的难题。

　　社会学交换理论认为，由于社会吸引，人们进入交换关系。互惠性的社会交换使人们直接产生信任与互动的纽带。在复杂的社会结构中起调节作用的机制就是存在于社会中的规范和价值。职业院校的跨界性必然要求我们一定要在办学中充分开展与社会其他行业与企业的互换。可以说，这种互换行为越充分，则互惠性越强，对职业院校的发展越有利。交换理论是我们积极推进跨界性合作教育的一个重要理论基础。交流互换也是开放性教育教学的体现，是师生发展的客观要求。

　　（一）学院如何提高给企业的贡献度

　　高职院校只有努力践行产学研合作，充分体现跨界性，才能办出活力、办出特色。因此，对我们而言不是要不要与企业合作的问题，而是怎样合作的问题。只有把双赢与贡献放在一以贯之的着眼点上，才能使合作走向永续、走向有效。为此，就要考虑校企双方各自的贡献度。学院与企业都必须做出相应的贡献。作为学院一方，要实现与企业的友好、有效、持续合作，必须首先考虑自己对企业的贡献度。

第一是人才资源的贡献。这是优秀高职院校的一个优势，也是在产学研合作中，高职院校方面的一张王牌。当然，人才优势也是不断培育出来的。有了人才优势，高职院校就有了与企业合作的一个基本。第二是项目技术贡献。人才不单纯是一种人力资源，更是一种智力资源。智力资源必须通过具体项目加以体现。永远没有抽象的智力，智力是在解决问题中的智慧之力。第三是培训贡献。高职院校的教育培训优势相比企业也是非常明显的，我们要承担起对企业员工进行教育培训的责任。科学研究方面，高职院校的优势在于因其"工学结合、校企合作"模式的推行，高职院校与产业界一直保持频繁的互动与密切的合作关系，高职院校的科研工作者最了解企业的技术服务需求，且针对企业的科研服务途径最为多元化。因此，高职院校应以教师下企业锻炼，参与企业技术与产品更新，以科技指导员队伍建设等提供常规化的技术服务。第四是空间资源贡献。高职院校有土地、有建筑设施，可以在力所能及的范围内，给企业提供这方面的支持。

（二）订单式人才培养

1. 订单班的意义

一是订单班有利于实现校企的合作教育。校企合作是一件不容易的事情，问题的关键是双方之间缺乏一种契合点，没有形成项目。从具体项目入手实现与企业的合作，从小的切入点入手往往会产生出乎意料的效果。订单班就是校企双方的具体切入点。二是订单班有助于实现毕业与就业零过渡。订单班教学将岗位教育融入课程当中，学生可以在课程学习中，了解与理解岗位，培养他们较好的岗位适应能力、职业技能、职业道德。三是订单班实现了共赢。

2. 怎样办好订单班

首先，要重视学生就业并培养其职业能力的强烈意识。职业教育主要是就业教育，高等职业教育也是如此。高等职业教育一定要高度重视学生的就业。只有树立了较强的就业意识，学院才能在从人才培养方案到教学过程再到实习实训等各个环节上进行就业方面的教育。这是订单班设立的一个观念性前提。高职院校除了培养学生的专业能力，一定要重视培养他们的职业素养，要树立较强的职业素养培养意识，这也是办好订单班的又一观念性前提。其次，遴选大中型的、有一定社会担当的企业进行合作。如果合作的企业过小，那么在接受学生就业方面的能力必然十分有限。同时，小型企业也很难提供高素质的人力资源参与订单班的课程开发与教学活动。最后，一定要在课程与教学两个维度上体现教育性与企业性。订单班必须建立在学院与企业友好合作的基础上，既要把学院在课程与教学方面的要求体现出来，又要在一定程度上安排企业所要求的课程。

（三）现代学徒制

现代学徒制对职业教育的发展有重要意义。在职业技术与发展过程中对现代学徒制的保护和保障是体现社会价值观的一种具体行为。国家相关法律支持、企业主动参与、现代学徒制发展社会概念的升华，三者之间紧密相连。

现代学徒制发展的环境主要由四方面构成：政府、行业、企业及影响现代学徒制发展的外部环境的社会公共力量。存在的问题：第一，缺乏政府引导——政府管理功能缺失、缺乏完善的企业激励机制、资金保障机制需进一步完善；第二，企业参与势头削弱——企业对人才库意义认识不足、教育投资周期过长、人员培训周期长；第三，行业交流与合作薄弱。第四，社会价值认可度落后。

职业教育对现代学徒制的发展策略：一要有政府支持；二要引导企业重视现代学徒制人才培养模式；三要行业合作；四要社会认同。这些策略在国际范围内得到较为广泛的认可。

（四）企业项目主导与双核兼容的合作模式探索

为适应动漫人才需求，高职院校影视动画专业通过加大专业建设改革力度，积极与企业合作办学，积极构建动漫专业人才培养模式，实施企业项目主导，双核兼容，公司化生产和管理的课程体系。

1. 企业项目主导

所谓"企业项目主导"，是指依据企业生产项目的准备、施工、完成、验收等生产计划，整合企业和学院教育资源优势，制订专业教学计划，并以两个计划的融合推动课程编排、编制教材、专兼教师队伍等核心任务，由校企双方共同完成人才培养全过程的全新教育管理和教学组织形式，主要内容包括：

（1）"双师型"结构教学团队

组建"双师型"结构教师团队，是制订课程标准和顺利完成教材建设的前提条件。该专业一改过去教师队伍结构"一头沉"的状况，通过"内培""外聘"两条腿走路的方法适应企业对专业教师的需要。

这种结构的教学团队由于具有丰富的文化产业化产品转化经验，又有扎实的专业功底，因而有利于研究和探索项目制作过程中每个环节的知识与技能点，有利于以校企合作为中心探索高职影视动画创意型高技能人才培养新模式的教学改革，有利于通过完善教材建设和课程标准，进而构建出项目制作流程的阶段式课程体系。

（2）课程标准和教材建设

制订课程标准、开发优质核心课程是根据技术领域和职业岗位的任务要求，参照职业资格标准，建立课程标准、开发核心课程、规范课程教学、建立突出职业能力培养模式的基础。

（3）与动画项目制作流程相适应的阶段式课程体系

分段实施，是结合本专业特点，对已引进生产项目制作流程分解，结合难易程度，编制教学计划、建构课程体系。分段实施成为融理论、实践于一体的专业人才培养方案的重要特点。

2. 双核兼容

所谓"双核兼容"，其主旨是在教学全过程中，将教学的核心知识技能与生产项目的核心技术深度融合、互相渗透，创新教学内容。

（1）核心知识技能

所谓核心知识技能，是指建立毕业知识平台以外的，具有特殊性质的，技能型专业要求较高的理论基础知识平台。从知识建构理论观点出发，该专业以企业项目生产计划为依据，将专业目标和职业目标结合起来，确定职业能力、行动领域和学习领域。其中，又将职业能力分为专门技术能力和关键能力；将行动领域分列出若干任务和任务要求；将学习领域分列出知识组合群和整合课程内容。

（2）核心技术

完成核心知识技能整合，专业能力在企业运行中的核心技术要求便成了教学的主要依据。所谓核心技术，主要包括：一是通过与国内动漫知名企业合作，分解项目制作过程中工艺、工具、标准等技术要求，提炼出关键技术内容；二是以动漫行业、企业专家组成的影视动画专业指导委员会为依托，研究行业发展方向和前沿技术的科研成果。核心技术研究是专业核心知识技能教学模式的基础，也是建立"企业项目主导人才培养模式"的重要依据。影视动画专业先后与河北玛雅等多家国内知名动画公司建立了校企合作关系，通过引进企业和企业生产计划，将生产项目与教学科目结合起来，将培养标准与企业标准结合起来，逐步形成了动漫专业企业项目主导的高等职业教育新模式。

3. 公司化的生产和管理

所谓公司化的生产和管理，其重点是通过公司化管理生产出合格的产品，通过公司化管理塑造出符合企业标准的专业人才。其主要做法归纳为以下几个方面：

(1) 制订入住公司的执行标准

坚持企业入驻前必须组织各方专家论证，制订影视动画专业标准、优惠条件和具体运行机制，由校企合作联合会组织竞聘会，筛选合格的企业建立合作关系。

(2) 经联合会讨论通过，校企双方共同制订人才培养方案

改变了传统的由学院教务处每年修订《人才培养方案》的做法，由校企合作联合会讨论、制订《合作项目教学计划》，该计划既考虑到高等职业教育的学制问题，又包括了职业能力、行动能力和学习能力的理论、实践课程的课程开发。

(3) 实行订单培养

由校方、企业与学生三方共同签订《项目教育人才订单培养协议》，该协议规定了校方的责任，明确了企业义务和学生的利益，通过 3 方责任、义务和利益要求落实学生教育中的合作关系。

二、努力发展混合所有制二级学院

目前国内高职院校混合所有制办学的探索可分为"大混合"和"小混合"两个层次，"大混合"是指国有资本与集体资本、私有资本、外资这三种资本中的一种或几种共同出资举办高职院校，在院校法人层面实现混合；"小混合"则是指高职院校内部二级办学机构层面或具体项目层面的混合。

寻利性是企业的一个显著特征，企业总会追求自己利益的最大化。而学院是事业单位，公益性是其显著特征。寻利性与公益性在表面上是一对矛盾。但从本质上而言，它们都是服务于社会的。社会服务性是企业与高职院校的共同本质，正是因为这种共同的本质，企业与高职院校可以实现一种合作，共同形成一种模式、一种平台，更好地服务于社会。双主体办学，混合所有制二级学院就是一种

较好的模式与平台。混合所有制二级学院有利于深入推进产学研全面与深度合作。我们一直努力探索混合所有制二级学院的创建，一方面可以解决土地面积不足的问题，更重要的是混合所有制二级学院有利于实现共赢。

双主体合作办学必须恪守的原则如下：

（一）平等原则

这是最主要的一个原则。平等体现在话语权、参与权、管理权等方面。在理事会人员构成中，我们主张双方尽可能人数对等。在研究理事会章程时，学院领导要求将"由乒乓球学院院长任命常务副院长、副院长"，改为"由理事会任命院长、常务副院长、副院长。"对方单位领导认为很好。

（二）共赢原则

共赢原则是在总结过去校企合作经验的基础上得出的一个基本认识，也是社会学研究得出的基本结论。双方一经合作，就应换位思考、互相理解、彼此信任。唯有如此，才能实现长期合作，实现合作的持续长久。

明确政府方和社会资本方均是办学资产的拥有者，在实际操作中，要重视高职院校产权界定工作，依托鼓励金融、保险、担保等权威中介机构为混合所有制高职院校提供资产评估、融资、风险管理、信用担保等专业服务，摸清家底，全面清产核资，在此基础上建立国有资产保值增值的体制和机制。在治理结构上，有效借鉴现代企业管理制度，实现决策、管理和监督等权能的适度分离与相互制衡，全面推进高职院校治理能力现代化。建立激励约束机制、办学绩效评价机制、监督机制、信息公布机制，按股份制公司运行。

三、促进职业教育集团化办学

现代职业教育作为一种特定的教育类型，横跨公共领域和市场，运行环境复杂，涉及多元主体且面临主体间的利益诉求差异，对它的治理自然不能简单地等同于一般公共事业管理和普通教育治理，需要建立一种有效的治理机制来应对发展需要，实现其"促进以行业企业为主导的社会合作伙伴积极参与职业教育治理，以实现社会多元主体共同治理职业教育的格局"的目的。所以，在"多中心治理"理念的推动下，现代治理理论的核心内容之一就是要打破政府作为唯一管理机构和单一权力中心的现状，实现管理中心和权力主体的多元化。显然，构建一个以"分权"与"自治"为核心特质的由政府、市场和社会广泛参与的多元化管理主体和权力中心，形成一种充满竞争性的"多元共治"的治理模式，必然促使职业教育更具有效率和活力。

职业教育集团——这是高职院校从中级走向高级的重要标志。第一，高职院校发展到一定阶段，要牵头搞行业标准。同时，在集团之内，不同的高职院校可以互相学习，优秀的职业院校可以起到牵头引领示范作用。第二，可以在混合所有制基础上形成职业教育集团。第三，领军人才、理事会制度、互惠互利是职业教育集团的关键要素。通过与行业协会的接触，深感联盟与互动十分重要。

从协同创新的内部动力因素看，最根本的动力来源于共同目标的引导和共同利益的驱动。实践证明，产学研协同创新联盟的建立，是各创新主体"求同存异"的结果。从协同创新的外部动力因素看，最强大的动力来源于市场需求的拉动。市场需求是客观存在的，在生产经营、技术研发等方面发挥着基础性作用。

第四节　高职教育对外交流与合作

交往是开放的有效机制。开放式教育不能永远停留在理念状态，必须增强实践性。当然开放性教育教学的理论研究必须先行，才能为实践提供强力支持。从这个意义上说，开放式探索永远在路上。

第一，开放式教育教学的主体是人，而人的交往是主体间性的重要体现。第二，不同人的交往行为实现了两个单位以上主体的交流与合作。第三，高职院校开放的本质决定了，它是为人的发展服务的，而交往是这种发展的一个重要方式。因此，交往是高职院校开放的重要而有效的机制。

高职院校要发展，必须要开放办学，这就要求高职院校与各方面人员广泛进行交往，体现出交往的多边性。领导干部、教师应积极与政府部门、企事业单位、兄弟院校开展交往，要经常深入基层广泛调研，开展合作，寻求地气十足的第一手素材为我所用。

开放性所焕发出来的活力，可以体现为高职院校与当地的融合发展，也可以体现为高职院校与企业共建工程技术研究开发中心等创新服务平台、提升教师的创新能力和技术服务能力、服务企业转型升级，还可以体现为借鉴国外职业教育先进经验、引进国外优质职业教育资源，甚至可以借鉴德国模式，与其他国家联办职业教育。

一、跨界融合

跨界融合（Cross border integration）——这是高职院校应该做好的一篇大文章。

（一）社会融合的重要性

社会分工、单位划分都是为了便于组织，都是相对而言的。社会要发展，就要打破藩篱，实现合作，优势互补，就至关重要。分工是为了发展，融合也是为了发展。

（二）走向融合的方法

第一，提高认识。通过对发达地区产业与职业院校的考察，我们发现了一个规律——产业越发达，则越重视职业教育。

第二，形成由点到面的辐射带动。星星之火，可以燎原。我们志在通过学院与企业、与社区的融合，践行产学研策略，推进各方融合。这个点，必然会成为一种带动，辐射四周。

（三）学院在融合方面的作为

一是学院一定要把跨界融合作为自己的使命，别无选择地承担起来，不能说起来重要，干起来不要。二是要找好突破口，重视合作质量，为自己创口碑、创品牌，绝不允许损害学院形象的事情发生。三是要一以贯之，维护好业已存在的合作，坚持就是胜利。

二、为地区经济服务

人们认为"服务发展、促进就业"不仅是高职院校新的办学方向，也是高职院校转型发展的方向性选择。"以服务为宗旨、以就业为导向"的高职办学方针即办学方向，不仅明确了高职教育的职能与特性定位，也促进了当时乃至此后一段时间我国高职院校事业的快速发展。"服务发展、促进就业"不仅继承了"以服务为宗旨，以就业为导向"的内涵，肯定了这一方向的正确性，也为其注入了新的内涵。

作为高职院校，一要不断增强办学综合实力，包括硬实力与软实力。二要不断增强综合服务社会的能力。这两者同样重要，缺一不可。综合社会服务能力是职业性质或应用性质高职院校最为重要的一个特征。失去了这个特征，高职院校就失去了本质。因此，这个特征是高职院校的本质特征，可以概括为社会服务性。

职业教育就是为地方经济提供服务的，这种服务是以人才培养为中心展开的。但如果仅仅局限于人才培养，高等职业教育是难以完全融入社会与市场的。因此，必须探索结合人才培养的项目体系。所谓项目体系，一是项目是多样的，二是项目的数量是越来越多的。这些项目，是以服务企业与行业为主线的，以产学研用结合为主要做法。

三、国际化

（一）理解国际化

我国的深度改革开放要求社会各项事业不断实现国际化，高等职业教育也应不断实现国际化。国际化是一种理念，这种理念是开放的理念、发展的理念、融合的理念，这是中国国际化发展理念在高等职业教育方面的具体体现。理念决定思维，决定发展策略与发展趋势。国际化也是一种目标，实现国际一体化，从而使我们的教育达到发达国家教育的水平。就学院而言，其目标是为了扩大学院的国际影响，也是为了创造全国知名的职业学院。全国知名，必须要有国际视野，否则，创造不了全国知名高职院校。国际化也是发展的一种策略。国际化可以帮助我们树立全球眼光，形成国际一流的高职教育方法。在国际化的过程中，许多发展问题会迎刃而解。

（二）实现国际化

首先，要不断进行国际化思想的宣传与推广，让广大教职员工给予充分的理解与配合。其次，要加强国际化培训。选送干部与教师走出国门去学习、接受培训。再次，要选好突破口，实现深度国际合作与交流。最后，要着力在国际上建立学院的相关机构。

参考文献

[1]　王升．高职教育的创新发展探索[M].石家庄:河北人民出版社,2018.

[2]　买琳燕．高职教育国际化发展路径研究[M].长春:吉林人民出版社,2018.

[3]　葛科奇．高职教育导师制实践与创新[M].天津:天津科学技术出版社,2018.

[4]　丁文利．高职教育专业动态调整机制构建[M].北京:中国纺织出版社,2018.

[5]　陈民．高职特色的创业教育和创业文化研究[M].杭州:浙江工商大学出版社,2018.

[6]　郭明俊．高职院校语文课程教育研究[M].天津:天津科学技术出版社,2018.

[7]　徐友辉,何雪梅,罗惠文．高职院校学生教育管理创新研究[M].成都:西南交通大学出版社,2018.

[8]　刘媛．高职院校创新创业教育理论与实践研究[M].北京:经济日报出版社,2018.

[9]　刘贵友．高职院校体育素质拓展教育课程改革研究[M].南昌:江西科学技术出版社,2018.

[10]　吕浔倩．信息化高职教育教学管理研究[M].西安:西北工业大学出版社,2019.

[11]　吴伟．高职教育内部质量保证与评价体系研究[M].北京:中国纺织出版社,2019.

[12]　李凯．高职通识教育英语阅读教程[M].西安:西北大学出版社,2019.

[13]　叶勇,康亮．新时代高职院校工科专业课程思政教育探索[M].成都:西南交通大学出版社,2019.

[14]　王慧．高职教育与教学创新[M].长春:吉林教育出版社,2019.

[15]　孙蕾．高职教育专业群建设理论与实践[M].成都:西南财经大学出版社,2019.

［16］ 张咏梅．网络时代高职教育的创新方法研究［M］．长春:吉林摄影出版社,2019.

［17］ 杨群祥,贾剑方,李法春．高职教育课程建设的研究与实践［M］．广州:广东高等教育出版社,2019.

［18］ 王永林．我国高职教育评估的价值取向研究［M］．上海:复旦大学出版社,2019.

［19］ 马长山．高职高专法治教育教程［M］．北京:中国民主法制出版社,2019.

［20］ 郑莉萍．高职礼仪文化教育研究［M］．北京:现代出版社,2019.

［21］ 孟凡飞．高职教育与外语教学问题研究［M］．长春:吉林科学技术出版社,2020.

［22］ 陈强．高职教育立德树人理论创新研究［M］．昆明:云南大学出版社,2020.

［23］ 刘康民．高职教育供给侧改革研究［M］．北京:北京理工大学出版社,2020.

［24］ 潘传中．高职院校学生安全教育［M］．北京:航空工业出版社,2020.

［25］ 阎惠丽,暨星球,詹波．新时代高职学生劳动素养教育［M］．成都:电子科技大学出版社,2020.

［26］ 陈强．新时代高职院校人文素质教育研究［M］．昆明:云南大学出版社,2020.

［27］ 李爱媚．高职教育管理与实践艺术［M］．长春:吉林美术出版社,2020.

［28］ 李云华．高职教育文化建设与发展路径探索［M］．汕头:汕头大学出版社,2020.

［29］ 韦莉莉．高职教育教学体系优化研究［M］．长春:吉林摄影出版社,2020.

［30］ 任永辉,曾红梅．新时代高职教育创新研究［M］．长春:吉林文史出版社,2020.

［31］ 王郁葱．高职劳动教育与实践［M］．上海:上海交通大学出版社,2020.

［32］ 聂彩林,王茜,廖策结．高职生入学教育［M］．长春:东北师范大学出版社,2020.

［33］ 陈根红．高职生态文明教育［M］．长沙:湖南师范大学出版社,2020.

［34］ 金建雄．高职理论教育与实践研究［M］．天津:天津科学技术出版社,2020.